Spanish Short Stories for Beginners

Volume 3

20 Exciting Short Stories to Easily Learn Spanish & Improve Your Vocabulary

Touri

ISBN: 978-1-953149-02-2

Copyright © 2020 by Touri Language Learning.
Second Paperback Edition: June 2020
First Paperback Edition: May 2019

All Right Reserved.

No part of this publication may be reproduced, stored in a retrieval system, or transmitted in any form or by any means, electronic, mechanical, photocopying, recording, or otherwise, without written permission of the publisher

Contents

Free Audiobooks 1
Resources 2
Free Spanish Video Course 6
Why We Wrote This Book 7
How To Read This Book 8
Chapter 1. Artes marciales 9
Chapter 2. ¿Qué clase de idea es esta? 21
Chapter 3. ¡Afortunado! 34
Chapter 4. La vida no es un juego 46
Chapter 5. Barco en una botella 58
Chapter 6. ¿Dulces en todas las comidas? 70
Chapter 7. Seguro y a salvo 82
Chapter 8. Pequeñito 94
Chapter 9. Llorar no es algo malo 105
Chapter 10. Fotos y recuerdos 117
Chapter 11. ¿Quién se llevó el cordero? 128
Chapter 12. ¡Adivina correctamente! 140
Chapter 13. El mercado de los niños 153
Chapter 14. Isla tortuga 165
Chapter 15. ¡Límpialo! 177
Chapter 16. Háblame 189
Chapter 17. La bruja cambiante 201
Chapter 18. Pronóstico del tiempo 214
Chapter 19. La colección 226
Chapter 20. Everyone is a teacher 238
Conclusion 250
About the Author 251
Other Books By Touri 252

Free Audiobooks

Touri has partnered with AudiobookRocket.com!

If you love audiobooks, here is your opportunity to get the NEWEST audiobooks completely FREE!

Thrillers, Fantasy, Young Adult, Kids, African-American Fiction, Women's Fiction, Sci-Fi, Comedy, Classics and many more genres!

Visit AudiobookRocket.com!

Resources

TOURI.CO

Some of the best ways to become fluent in a new language is through repetition, memorization and conversation. If you'd like to practice your newly learned vocabulary, Touri offers live fun and immersive 1-on-1 online language lessons with native instructors at nearly anytime of the day. For more information go to Touri.co now.

FACEBOOK GROUP
Learn Spanish - Touri Language Learning

Learn French - Touri Language Learning

YOUTUBE
Touri Language Learning Channel

ANDROID APP
Learn Spanish App for Beginners

BOOKS

SPANISH

Conversational Spanish Dialogues: 50 Spanish Conversations and Short Stories

Spanish Short Stories (Volume 1): 10 Exciting Short Stories to Easily Learn Spanish & Improve Your Vocabulary

Spanish Short Stories (Volume 2): 10 Exciting Short Stories to Easily Learn Spanish & Improve Your Vocabulary

Spanish Short Stories (Volume 3): 20 Exciting Short Stories to Easily Learn Spanish & Improve Your Vocabulary

Intermediate Spanish Short Stories (Volume 1): 10 Amazing Short Tales to Learn Spanish & Quickly Grow Your Vocabulary the Fun Way!

Intermediate Spanish Short Stories (Volume 2): 10 Amazing Short Tales to Learn Spanish & Quickly Grow Your Vocabulary the Fun Way!

100 Days of Real World Spanish: Useful Words & Phrases for All Levels to Help You Become Fluent Faster

100 Day Medical Spanish Challenge: Daily List of Relevant Medical Spanish Words & Phrases to Help You Become Fluent

ITALIAN

Conversational Italian Dialogues: 50 Italian Conversations and Short Stories

Italian Short Stories (Volume 1): 10 Exciting Short Stories to Easily Learn Italian & Improve Your Vocabulary

GERMAN

Conversational German Dialogues: 50 German Conversations and Short Stories

German Short Stories (Volume 1): 10 Exciting Short Stories to Easily Learn German & Improve Your Vocabulary

FRENCH

Conversational French Dialogues: 50 French Conversations and Short Stories

French Short Stories for Beginners (Volume 1): 10 Exciting Short Stories to Easily Learn French & Improve Your Vocabulary

French Short Stories for Beginners (Volume 2): 10 Exciting Short Stories to Easily Learn French & Improve Your Vocabulary

Intermediate French Short Stories (Volume 1): 10 Amazing Short Tales to Learn French & Quickly Grow Your Vocabulary the Fun Way!

Intermediate French Short Stories (Volume 2): 10 Amazing Short Tales to Learn French & Quickly Grow Your Vocabulary the Fun Way!

PORTUGUESE

Conversational Portuguese Dialogues: 50 Portuguese Conversations and Short Stories

ARABIC

Conversational Arabic Dialogues: 50 Arabic Conversations and Short Stories

RUSSIAN

Conversational Russian Dialogues: 50 Russian Conversations and Short Stories

CHINESE

Conversational Chinese Dialogues: 50 Chinese Conversations and Short Stories

FREE SPANISH VIDEO COURSE

200+ words and phrases in audio
you can start using today!
Get it while it's available

https://bit.ly/Spanish-Beg-Vol3-Free-Video-Course

Why We Wrote This Book

We realize how difficult it can be to learn a language. More often than not, learners do not know where to start and can easily feel overwhelmed at tackling a new language.

At Touri, we have identified a gap in the market for engaging, helpful and easy to read Spanish stories for beginners. We believe it is much easier to understand words in context in story form as opposed to studying verb conjugations or learning the rules of the language. Don't get us wrong, understanding the construction of the language is important, but the more practical approach is to learn a basic subset of words that you as a learner can practice with today.

Our goal is for you to feel confident when speaking with native speakers, even if it's a few words. Focus on building a foundation of commonly used words and you'll be setting yourself up for long-term success.

How To Read This Book

Spanish Short Stories for Beginners Volume 3 is packed with 20 engaging stories, basic vocabulary and memorable characters that make learning Spanish a piece of cake!

Each story has been written in with you the reader in mind. The best way to read this book is to:

- **a.)** Read the story without worrying about completely understanding the story but making note of the vocabulary you do not understand.

- **b.)** Using the two summaries, Spanish and English provided after each story take the time to make sure that you got a full grasp of what happened. Doing this will help you with your comprehension skills.

- **c.)** Go back through the story and read it again after having a better grasp of what happened. You may take a more concentrated approach to trying to understand everything, but it's not necessary.

- **d.)** Sprinkled throughout each story you will also find vocabulary words in **bold**, with a translation of each of these words found at the end of the stories. This is also another great way for you to expand your vocabulary and start using them in sentences.

- **e.)** We want you to get the most out of this book and learn as much as possible, which is why we have also included a list of multiple-choice questions that will test your understanding and memory of the tale. The answers can be found on the following page.

- **f.)** Most importantly, have fun while you're exploring a whole new world and learning Spanish! We are so excited for the journey you're about to embark on!

Chapter 1. Artes marciales

En una **calurosa mañana de verano**, dos niños miraban la pantalla de televisión con **asombro** mientras un artista marcial demostraba algunos **movimientos sofisticados**.

"¡Wow...!" Exclamó Beth mientras se recordaba a sí misma que no debía **parpadear** para no perderse nada.

"¡Eso es muy genial!" Dijo su **prima**. Él había estado observando con ella desde el comienzo del espectáculo y parecía tan impresionado como ella, con los **ojos muy abiertos** y pequeños gritos ahogados cada vez que se mostraba un movimiento.

"¡Sí!" Beth estuvo de acuerdo con entusiasmo antes de que los dos se callaran nuevamente para **enfocarse** en el espectáculo.

Los dos se quedaron allí **sentados** hasta el final del espectáculo y solo se levantaron cuando fueron llamados a **almorzar**.

"¡Quiero convertirme en una artista marcial **cuando crezca**!" Dijo la niña mientras saltaba las escaleras.

"¡Yo no!" Dijo su primo, corriendo torpemente tras ella. Sus palabras la hicieron **fruncir el ceño** en confusión. ¿No estaba tan sorprendido como ella antes? ¿Cómo podía decir eso?

"¿Por qué no?" Preguntó con tanta sorpresa en su **tono** como la que sentía.

"Escuché que los artistas marciales tienen que **entrenar muy duro**. Escuché que tienen que romper sus huesos y desgarrar sus músculos para volverse así de fuertes". Respondió.

"¡No puedes ser en serio!" Ella exclamo. ¡Eso sonaba horrible! ¿Quién pasaría por ese tipo de **tortura**? Beth se estremeció ante la idea de pasar por ese tipo de dolor para convertirse en una artista marcial exitosa y pensó que quizás debería **reconsiderar**.

Sin embargo, ella seguía pensando en el programa que había visto y lo increíble que era esa dama cuando daba esos golpes y esas altas patadas en las **tablas de madera**. Ella realmente quería ser como ella. ¿Tal vez podría tomar medicamentos para ayudarla a **soportar el dolor** cuando comenzara su entrenamiento? Luego miró a su primo y frunció el ceño. Tal vez Bobby estaba equivocado sobre lo que le había dicho antes ... ¿Qué sabía él, de todos modos? ¡Debería preguntarle a alguien más confiable, y conocía a la **persona correcta**!

Más tarde, ese día, cuando su primo tomó una **siesta**, ella fue a hablar con su hermano mayor, que los había estado cuidando mientras sus padres estaban fuera.

"¡Oye, Keith!" Ella lo saludó alegremente. Su **hermano mayor** era la persona más inteligente que conocía. ¡Más inteligente aún que sus padres! Siempre respondía a sus preguntas e incluso cuando no sabía la respuesta, la buscaba.

"Hola hermanita!" Respondió con una sonrisa mientras cerraba el libro que había estado leyendo. "¿Qué puedo hacer por ti?" Dijo mientras **juguetonamente** le pellizcaba la nariz.

Beth se rio y se sentó junto a él en el sofá. "Tengo una pregunta para ti." Ella empezó. Al asentimiento de su hermano, ella continuo. "¿Es verdad que los artistas marciales tienen que romperse los huesos y desgarrarse sus propios músculos cuando entrenan para fortalecerse?"

Los ojos de su hermano mayor se agrandaron y él se tomó un momento antes de responderle. "Estoy bastante seguro de que no lo es. **¿Quién te dijo eso?**"

"Fue Bobby"

"Bueno, como te dije. No creo que sea cierto, pero revisémoslo solo para estar seguros."

Beth observó cómo Keith sacaba su teléfono del bolsillo y lo desbloqueaba antes de leer lo que aparecía en la pantalla de su celular durante unos **minutos**.

"Está bien. Es un poco cierto" Beth ahogo un grito con horror, haciendo que él levantara la mano para calmarla. "Pero no es tan doloroso como parece". Beth parecía un poco **aliviada** por esas palabras.

"Bueno entonces, ¿cómo es?" Preguntó ella con curiosidad. Si no era tan tortuoso como sonaba, entonces aún tendría la oportunidad de convertirse en una artista marcial en el futuro.

¡Era una **chica dura**, podía soportar un poco de dolor! El otro día ella se raspó la rodilla cuando se cayó y ni siquiera lloró!

Keith sonrió y le revolvió el pelo. Levantó su teléfono y señaló su pantalla. "De acuerdo con este artículo, cuando las personas entrenan para cualquier disciplina que requiera golpear algo o a alguien, deben golpear con sus manos, pies, rodillas y demás", explicó.

Beth lo sabía. Ella había visto a la mujer golpear madera y **concreto** antes. Ella asintió para que él continuara.

"Y a veces rompen tablas de madera y cosas así. Para hacer eso tienen que golpear muy rápido o deben ser muy fuertes. Lo ideal es que los artistas marciales usen una combinación de fuerza y velocidad. Para construir esa fuerza, entrenan, levantan pesas, hacen **flexiones** y golpean sacos de boxeo, lo que causa que los huesos se rompan y se desgarren los músculos. Pero esos desgarros no son peligrosos", la tranquilizó con una sonrisa. "Solo son diminutas roturas en sus huesos y cuando se curan, el hueso se vuelve más duro y más fuerte en esos lugares". Él concluyó.

"Oh …! Eso tiene sentido". Dijo Beth, asintiendo lentamente con la cabeza.

"Es lo mismo con los músculos, y no solo les sucede a los artistas marciales. Las personas como los fisicoculturistas levantan pesos pesados y eso causa que los músculos se desgarren poco a poco. Cuando el músculo se cura y se

reconstruye, se vuelve más grande y más fuerte". Es por eso que algunos artistas marciales pueden romper ladrillos con sus manos de oso, porque son lo suficientemente fuertes, pero también porque son lo suficientemente rápidos cuando los golpean."

"Entonces, ¿no duele en absoluto?" Preguntó la niña. Quería **asegurarse** antes de tomar su decisión.

"Bueno, estoy seguro de que ese tipo de entrenamiento puede hacer que se sientan un poco adoloridos y rígidos, pero no es demasiado peligroso y si lo hacen bien, no se arriesgan a lesionarse". Respondió. "¡Bueno, **el misterio está resuelto**! ¿Está satisfecha, señorita?"

Beth sonrió y asintió. "¡Sí! ¡Ahora que eso se ha aclarado, quiero convertirme en un artista marcial!" Anunció **orgullosamente**.

"¿Oh? ¿Sabes qué arte marcial quieres practicar? ¿Kárate? ¿Judo? ¿Hapkido?" Preguntó.

"Umm ... **todavía**... no lo sé."

Keith se rio y le dijo que podía preguntarles a sus padres cuando regresaran a casa. "Tal vez puedan llevarte a algunas escuelas de artes marciales y así **puedes elegir** después de ver todo!".

Vocabulary

Calurosa mañana de verano: *warm summer morning*

Asombro: *awe*

Movimientos sofisticados: *sophisticated moves*

Parpadear: *to blink*

Prima: *cousin*

Ojos muy abiertos: *eyes wide open*

Gritos ahogados: *gasps*

Enfocarse: *to focus*

Sentados: *sitting*

Almorzar: *lunch*

Cuando crezca: *when i grow up*

Fruncir el ceño: *scowled / frowned*

Tono: *tone*

Entrenar muy duro: *train really hard*

Tortura: *torture*

Reconsiderar: *reconsider*

Tablas de madera: *wooden boards*

Soportar el dolor: *bear the pain*

Persona correcta: *right person*

Siesta: *nap*

Hermano mayor: *older brother*

Juguetonamente: *playfully*

¿Quién te dijo eso?: *who told you that?*

Minutos: *minutes*

Aliviada: *relieved*

Chica dura: *tough girl*

Concreto: *concrete*

Flexiones: *push ups*

Reconstruye: *rebuild*

Asegurarse: *to make sure*

El misterio está resuelto: *mystery solved*

Orgullosamente: *proudly*

Todavía: *yet*

Puedes elegir: *you can pick*

Resumen de la historia

Beth es una niña que había estado viendo un espectáculo de artes marciales con su primo. Ella estaba muy impresionada por los movimientos demostrados allí y su primo también. Cuando los dos bajaron a almorzar, ella le dijo que ella también quería convertirse en una artista marcial, pero cuando él le dijo que estas personas tenían que romperse los huesos y desgarrarse los músculos al entrenar, ella comenzó a tener dudas. Cuando le preguntó a su hermano sobre eso, él revisó su teléfono y le dijo que esos son solo pequeños desgarros que no los lastiman y que ayudan a que sus huesos y músculos se vuelvan más fuertes después de que se curan. Beth se sintió aliviada y decidió seguir con su decisión de convertirse en una artista marcial.

SUMMARY OF THE STORY

Beth is a little girl who had been watching a martial arts show with her cousin. She was very impressed by the moves demonstrated there and so was her cousin. When the two went down to have lunch, she told him that she wanted to become a martial artist too but when he told her that these people have to break their own bones and tear their own muscles when they train, she started having second thoughts. When she asked her brother about that he checked on his phone and told her that those are only tiny breaks that don't hurt them and that help their bones and muscles become stronger after healing. Beth was relieved and decided to go through with her decision of becoming a martial artist.

Preguntas Sobre la Historia

1) ¿Cuál de estos nombres no pertenece a un personaje de la historia?
    A. Beth
    B. Keith
    C. Bobby
    D. Riley

2) ¿Qué estaban viendo los niños al principio de la historia?
    A. Un espectáculo de artes marciales
    B. Un reality show
    C. Una caricatura
    D. Una película animada

3) ¿En qué quería convertirse la niña?
    A. Una artista marcial
    B. Una maestra
    C. Una bailarina de ballet
    D. Una detective

4) ¿Cuál de estas artes marciales mencionó el hermano mayor en la charla?
    A. Jiujitsu
    B. Aikido
    C. Judo
    D. Kung Fu

5) ¿Qué arte marcial quería practicar el personaje principal?
    A. Ella todavía no sabe
    B. Karate
    C. Judo
    D. Hapkido

QUESTIONS ABOUT THE STORY

1) **Which of these names doesn't belong to a character from the story?**
   - **A.** Beth
   - **B.** Keith
   - **C.** Bobby
   - **D.** Riley

2) **What were the children watching at the beginning of the story?**
   - **A.** A martial arts show
   - **B.** A reality TV show
   - **C.** A cartoon
   - **D.** An animation movie

3) **What did the little girl want to become?**
   - **A.** A martial artist
   - **B.** A teacher
   - **C.** A ballet dancer
   - **D.** A detective

4) **Which of these martial arts did the older brother mention in his talk?**
   - **A.** Jujitsu
   - **B.** Aikido
   - **C.** Judo
   - **D.** Kung Fu

5) **Which martial art did the main character want to practice?**
   - **A.** She didn't know yet
   - **B.** Karate
   - **C.** Judo
   - **D.** Hapkido

ANSWERS

1) D
2) A
3) A
4) C
5) A

Chapter 2. ¿Qué clase de idea es esta?

Cindy se sentó en las escaleras del **portal** de su casa, apoyando la cara en su mano y **frunciendo el ceño**, ante la hierba en el patio delantero de su casa. Estaba muy irritada y estaba claro para cualquiera que pudiera verla en ese momento.

La razón por la que Cindy estaba enfadada era bastante simple: estaba frustrada porque tenía una **gran idea**, al menos, había pensado que lo era, eso no resultó tan bien cuando trató de **llevarla a cabo**.

Su idea no era nada demasiado complicado. Ella había pensado que una buena manera de practicar la **carrera de tres patas** de su escuela era atar los cordones de sus zapatos y correr por el jardín. Desafortunadamente, su idea fracasó y cuando intentó dar el **primer paso**, terminó cayendo de bruces al suelo. Sus codos estaban magullados y también su orgullo por el fracaso de lo que había creído que era una idea brillante.

"Sería maravilloso si las ideas nos advirtieran de antemano y nos dijeran si son buenas o malas ..." **murmuró** para sí misma con un **suspiro**.

Ella se distancio de la realidad mientras pensaba más y más en la idea, entonces comenzó a **soñar despierta**.

"Si mi idea fallida se hubiera convertido en una persona que me advirtiera **de antemano**, se habría visto horrible ..." Murmuró mientras se imaginaba una pequeña versión de ella vestida con un pijama sucio. La idea "mala" tendría el cabello despeinado y arena en los ojos, ya que claramente no había realizado sus **rituales de higiene matutinos**. "Apuesto a que ni siquiera te lavaste los dientes ..." le dijo Cindy.

"¿Por qué molestarse? De todos modos, no voy a lograr nada". Respondió la mini Cindy con **un bostezo**.

"Ew! Yo tenía razón, ¡tienes mal aliento!", Acusó Cindy, abanicándose la cara con la mano.

La idea sonrió y **descaradamente** agitó su mano antes de desaparecer en el aire.

"No me sorprende que haya fallado", **pensó para sí misma**. "Lo habría visto venir si hubiera visto el aspecto que tenía..."

Con un suspiro, decidió **estirar sus piernas** y se levantó para hacerlo. Mientras bajaba las escaleras, pensó en la primera persona que pensó en hacerlas. Ella no sabía quién inventó las escaleras, así que **solo imaginó** que había sido ella y una pequeña visión de sí misma apareció ante ella.

"¡Hola, mini-yo!", **Saludó ella**.

La pequeña idea se veía bien. Estaba **vestida decentemente** pero su ropa no era tan elegante, eran simples overoles de mezclilla con una **camiseta de algodón** debajo. Estaba limpia y su cabello estaba bien cepillado y recogido en una cola de caballo. Le sonrió tímidamente y saludó.

"Hacer escaleras había sido una idea simple pero muy buena." Le ha permitido a la gente escalar alturas fácilmente después de haber luchado para superar las **empinadas colinas**". Le informó la idea con una sonrisa confiada.

Cindy asintió. "Seguro que fue una buena idea, viendo cómo todavía lo usamos hoy en día."

Otra idea apareció frente a ella y **se aclaró la garganta**. "El ascensor fue una idea aún mejor", dijo con una expresión altiva. Esta estaba vestida con un traje formal de dos piezas perfectamente planchado y llevaba gafas. Su cabello se convirtió en un moño bajo que le recordó a Cindy a la directora de su escuela. "Muy útil para las personas con discapacidad y muy eficiente en el tiempo. Por eso, el único esfuerzo que tiene que hacer la gente es **presionar unos pocos botones**". Agregó la idea.

Antes de que Cindy pudiera responder, la idea de las escaleras habló. "Sí, p-pero **inútil** sin electricidad". Argumentó, levantando su **dedo índice**.

La idea del ascensor quedó sin aliento y se veía muy ofendida. "En esta época, la escasez de energía es un **hecho raro**". Contestó mientras cruzaba los brazos.

"No es tan raro en **algunos países**. Estoy segura de que están muy contentos de tener escaleras ". Respondió la idea de las escaleras.

Cindy se echó a reír mientras observaba a sus dos ideas discutir sobre cuál de ellas era la más revolucionaria hasta que "poof" ambas desaparecieron en una **nube de polvo colorido**.

Siguió caminando **sin rumbo** por el jardín y se detuvo cuando vio un **gnomo de jardín**. Cindy inclinó la cabeza hacia un lado y lo miró con confusión. Esta era una idea que ella simplemente no podía meter en su cabeza. ¿En qué estaba pensando la persona que los inventó?

De repente, otra idea apareció frente a ella. Esta estaba vestida con una falda, un **suéter de lana** y un par de mocasines. Su cabello estaba suelto y miraba a su alrededor, **distraída por su entorno**.

"¿Hola ...?" Saludó Cindy vacilante. "¿Se supone que eres una buena idea o una mala idea?"

La idea se **encogió de hombros** y sonrió. "Soy la idea del gnomo del jardín. Fui solo un pensamiento de momento, un estímulo, nada muy elaborado."

"Bueno, ¿cómo supo la persona que te pensó, que funcionarias?", Preguntó Cindy.

La idea sonrió y negó con la cabeza. "Ellos no lo sabían. Simplemente lo intentaron conmigo y **esperaron lo mejor**.

Algunas cosas en la vida funcionan así, sabes. ¡Tienes que probar suerte y ver qué pasa!"

Cindy solo se quedó mirando la idea. Ella realmente no lo pensó de esta manera. Supuso que este enfoque le ahorraría cualquier decepción. Si uno intenta algo sin pensar que funcionará, no se sentirá decepcionado si no lo hace. Por otro lado, **si la idea tuviera éxito**, quedarían gratamente sorprendidos.

"¡Bueno, debo irme! **¡Hasta luego!**" Dijo la idea del gnomo de jardín antes de desvanecerse.

Cindy se quedó mirando el trozo de hierba donde la idea había estado de pie, antes de que una **sonrisa lenta** se extendiera por su rostro.

"Supongo que es hora de una **lluvia de ideas**...", **se dijo a sí misma** mientras corría a su habitación para comenzar a planear su próxima idea.

VOCABULARY

Portal: *front porch*

Frunciendo el ceño: *frowning*

Gran idea: *great idea*

Llevarla a cabo: *act on it*

Carrera de tres patas: *three-legged race*

Primer paso: *first step*

Murmuró: *murmured*

Suspiro: *sigh*

Soñar despierta: *daydreaming*

Rituales de higiene matutinos: *morning hygiene rituals*

De antemano: *ahead of time*

Un bostezo: *a yawn*

Descaradamente: *cheekily*

Pensó para sí misma: *She thought to herself*

Estirar sus piernas: *stretch her legs*

Solo imaginó: *just imagined*

Saludó ella: *she greeted*

Vestida decentemente: *dressed decently*

Camiseta de algodón: *cotton T-shirt*

Empinadas colinas: *steep hills*

Cindy asintió: *Cindy nodded*

Se aclaró la garganta: *cleared its throat*

Presionar unos pocos botones: *pushing a few buttons*

Inútil: *useless*

Dedo índice: *forefinger*

Hecho raro: *rare occurrence*

Algunos países: *some countries*

Nube de polvo colorido: *cloud of colorful dust*

Sin rumbo: *aimlessly*

Gnomo de jardín: *garden gnome*

Suéter de lana: *wool sweater*

Distraída por su entorno: *distracted by its surroundings*

Se encogió de hombros: *shrugged*

Esperaron lo mejor: *hoped for the best*

Si la idea tuviera éxito: *if the idea succeeded*

¡Hasta luego!: *See you later!*

Sonrisa lenta: *slow smile*

Lluvia de ideas: *brainstorming*

Resumen de la historia

Cindy era una niña pequeña que había estado enfadada porque una idea que tuvo le salió mal. Dejó libre el control de sus pensamientos y se preguntó cómo sería si las ideas pudieran tomar una forma humana y advertir a las personas en caso de que fueran malas ideas. Comenzó a soñar despierta y comenzó a ver la personificación de diferentes ideas, como la mala idea que había tenido, la idea de las escaleras, del ascensor e incluso la del gnomo del jardín. La última le enseñó que algunas ideas no estaban predestinadas a fallar o tener éxito desde el principio y que a veces hay que intentarlo y ver qué sucede.

Summary of the Story

Cindy was a little girl who had been sulking because an idea she had didn't work out. She left free reign to her thoughts and wondered what it would be like if ideas could take a human form and warn people ahead in case they were bad ideas. She started day dreaming and seeing the embodiment of different ideas like the bad idea that she had, the idea of the stairs, the elevator and even the garden gnome. The last one taught her that some ideas weren't predestined to fail or succeed from the start and that sometimes, one has to take a chance and see what happens.

Preguntas Sobre La Historia

1) ¿Cuál es el nombre del personaje principal?
    A. Windy
    B. Jessie
    C. Amber
    D. Cindy

2) ¿Dónde estaba ella al principio de la historia?
    A. En la escuela
    B. En el parque
    C. En su casa
    D. En la piscina

3) ¿Por qué estaba enojada?
    A. Porque ella perdió un juego
    B. Porque peleó con su mejor amiga
    C. Porque su madre la regañó
    D. Porque su idea falló

4) ¿Cuál fue la primera idea que ella imaginó como persona?
    A. La idea del gnomo de jardín
    B. La idea de la escalera
    C. Su propia idea
    D. La idea del ascensor

5) De acuerdo con la idea del gnomo del jardín, ¿podemos estar seguros de que una idea fracasará o tendrá éxito?
    A. Algunas ideas tienen que ser probadas primero
    B. Sí, con la ayuda de las estadísticas
    C. No, no podemos estar seguros del éxito de ninguna idea
    D. Sí, una idea probablemente fracasará

QUESTIONS ABOUT THE STORY

1) What's the main character's name?
    A. Windy
    B. Jessie
    C. Amber
    D. Cindy

2) Where was she at the beginning of the story?
    A. At school
    B. At the park
    C. At her house
    D. At the swimming pool

3) Why was she sulking?
    A. Because she lost a game
    B. Because she fought with her best friend
    C. Because her mother scolded her
    D. Because her idea failed

4) What was the first idea that she imagined as a person?
    A. The garden gnome idea
    B. The stairs idea
    C. Her own idea
    D. The elevator idea

5) According to the garden gnome idea, can we be sure if an idea will fail or succeed?
    A. Some ideas have to be tested first
    B. Yes, with the help of statistics
    C. No, we can't be sure of the success of any idea
    D. Yes, an idea will most likely fail

ANSWERS

1) D
2) C
3) D
4) C
5) A

Chapter 3. ¡Afortunado!

En un día cálido y soleado, mientras los grillos cantaban y mientras las hormigas desfilaban por un árbol, Jacob se arrastró por el pequeño jardín de su casa y miró a través de la hierba en una búsqueda meticulosa del legendario **trébol de cuatro hojas**. El objetivo principal de su búsqueda era ganar suerte con el objeto, como todos los demás. ¡No pensaba que sería capaz de conseguir una herradura en la ciudad tan fácilmente y definitivamente no estaba bien con la idea de tener una pata de conejo! ¿Qué clase de **persona sin corazón** le haría eso a un pobre conejito?!!

Entonces, su **única opción** era un trébol de cuatro hojas. Si lo conseguía, tendría buena suerte y si conseguía buena suerte, todo iría bien en su vida.

El único problema era que no importaba cuánto buscara, no podía encontrar el artículo en cuestión. Miró fijamente al vacío sintiéndose frustrado después de **media hora** de búsqueda y estaba pensando seriamente en renunciar a su tarea.

"Estoy empezando a pensar que nunca existieron en primer lugar ..." murmuró **gruñón** mientras sacudía la tierra de sus manos con un resoplido.

"¿De qué te quejas, chico?" La voz de su hermana mayor dijo detrás de él haciéndolo saltar.

"¡Leah! ¡No te acerques a la gente así!" **Amonestó** con el ceño fruncido.

"**Lo siento**", dijo con una risita mientras se dejaba caer sobre la hierba junto a él. "Entonces, ¿qué te está molestando tanto?", Preguntó mientras le pellizcaba ligeramente la mejilla solo para que él le quitara la mano.

Dejó escapar un **suspiro miserable** y se frotó la sien para calmarse. "He estado buscando por todas partes un trébol de cuatro hojas, pero parece que todos los tréboles aquí solo tienen tres hojas".

"Ya veo", dijo Leah, mientras colocaba un brazo en la parte superior de su **rodilla** antes de apoyar su barbilla en él. "¿Y por qué necesitas encontrar uno con cuatro hojas?"

"Para la **buena suerte**, por supuesto. ¿Por qué más? "Dijo él, frunciéndole el ceño.

"Bueno, ¿por qué necesitas buena suerte?"

¿Estaba siendo odiosa a propósito? Él sabía lo inteligente que era ella, por lo que ella debe haber estado bromeando con él. ¡Jacob no estaba de humor para ser molestado! "Bueno, ¡para todo! La buena suerte ayuda con todo, ¿no es así? ¡Hace todo más fácil y mejor! "Jugaría mejor al fútbol y obtendría **mejores**

calificaciones y ganaría en cada juego en línea que juego", explicó, agitando las manos.

Su hermana mayor se rio y le revolvió el pelo. "**Calmate** amigo. Entiendo."

"Entonces ves por qué necesito encontrarlo".

"No creo que la buena suerte funcione tanto como piensas, ¿sabes?", Dijo Leah.

Jacob resopló y puso los ojos en blanco. "Sí, claro." ¿Qué sabría ella ...? ¿Qué sabría cualquier adulto acerca de sus luchas?

"No, lo digo en serio. ¿Conoces a alguna persona exitosa que dependa de la suerte? "Ella le preguntó con las **cejas** levantadas.

"Bueno ... no, pero ..." Se tomó un momento para pensar en una discusión, pero no pudo encontrar nada.

"¿Ves? La mayoría de las personas que logran sus metas confían en otra cosa. ¿Puedes adivinar qué?" Preguntó con una sonrisa burlona.

"¿**Milagros**?" Jacob respondió con sarcasmo, haciéndola reír.

"¡No, chico listo! **Trabajo duro**. La gente trabaja para alcanzar sus metas y hacer realidad sus sueños. "Se vuelven buenos en su trabajo a través del trabajo duro y la práctica, y acumulan experiencia y conocimientos que luego los ayudarán a trabajar más rápido y mejor en el camino", explicó.

"¿Ah sí? **Dame un ejemplo**. "El niño pequeño desafió mientras se cruzaba de brazos.

"¡Tú! ¿Recuerdas lo mal que estabas en Historia?

Jacob se avergonzó al pensar en sus pasadas calificaciones de Historia. Odiaba el tema y se negaba a estudiar. **Sin embargo**, se las arregló para mejorar y encontrar una manera de memorizar sus lecciones de manera efectiva cuando se lo propuso y con la ayuda de Leah. Ahora, historia era su tema favorito y no tenía nada más que buen puntaje.

"Bien. **¿Qué más?** "Preguntó, todavía no muy convencido.

Leah volvió a mirar la casa, luego a su alrededor para asegurarse de que nadie más excepto Jacob pudiera escucharla. "¿Recuerdas lo mal que solía ser mamá en la **jardinería**?"

Jacob se echó a reír al pensar en todas las pobres plantas que su madre había ahogado al regarlas. "Ella ha recorrido un largo camino desde entonces..." dijo mientras miraba los **hermosos rosales** que estaban en plena floración gracias al cuidado de su madre.

"Y todos saben que solía ser mala en el baloncesto cuando empecé. ¡Ahora mírame! ¡Después de meses y meses de arduo trabajo, soy la capitana del equipo de mi escuela! ", Dijo Leah con una **sonrisa orgullosa**.

"Cierto. Papá sigue presumiéndote a todos los que lo quieren escuchar", dijo Jacob con una **sonrisita descarada**.

"¿Ves? La verdad es que todos pueden hacer grandes cosas. Has mejorado en Historia después de estudiar duro. Mamá mejoró en la jardinería porque se negó a rendirse sin importar cuántas plantas murieran en sus manos y yo fui buena en el baloncesto después de horas y horas de entrenamiento. Cada persona que es buena en algo alguna vez fue mala y solo mejoró después de practicar y trabajar duro. La suerte es **algo bueno**, pero si todos confiaran en ella, no habría ningún progreso en ningún area."

Jacob asintió y sonrió. "**Entiendo tu punto**. ¿Quién necesita suerte, de todos modos? Puedo hacer todo por mí mismo".

"Y si tienes problemas, siempre puedes pedir ayuda". Le recordó Leah con una sonrisa.

Jacob sonrió y la miró tímidamente. "Entonces ... ¿Ayúdame a encontrar un trébol de cuatro hojas ...? ¡No por la suerte! ¡Solo porque creo que sería genial si logramos **encontrar uno**!"

Leah puso los ojos en blanco con exasperación y le sonrió antes de que los dos reanudaran la búsqueda del famoso artículo de la suerte.

Vocabulary

Trébol de cuatro hojas: *four-leaf clover*

Única opción: *only option*

Media hora: *half an hour*

Gruñón: *grumpily*

Amonestó: *admonished*

Primer paso: *i'm sorry*

Suspiro miserable: *suspiro miserable*

Knee: *rodilla*

Buena suerte: *good luck*

Mejores calificaciones: *better grades*

Calmate: *calm down*

Cejas: *eyebrows*

Sonrisa burlona: *teasing smile*

Milagros: *miracles*

Trabajo duro: *hard work*

Dame un ejemplo: *give me an example*

Sin embargo: *however*

¿qué más? : *what else?*

Jardinería: *gardening*

Hermosos rosales: *beautiful rose bushes*

Sonrisa orgullosa: *proud smile*

Sonrisita descarada: *cheeky grin*

Algo bueno: *nice thing*

Entiendo tu punto: *i get your point*

Encontrar uno: *find one*

Resumen de la historia

Jacob es un niño pequeño que había estado buscando el legendario trébol de cuatro hojas en su jardín. Quería la suerte que el artículo le otorgaría, pero a medida que pasaba el tiempo y aún no lo encontraba, comenzó a sentirse frustrado. Su hermana mayor fue al jardín y le preguntó por qué estaba tan molesto y cuando le contó lo que estaba pasando, ella le dijo que no necesitaba suerte y le informó que las personas exitosas dependían del trabajo duro en lugar de la suerte. Cuando le pidió ejemplos sobre esas personas, ella le dijo que él, su madre y ella eran personas que habían logrado el éxito gracias al trabajo arduo y la dedicación. Jacob se convenció al final, pero le pidió ayuda para encontrar el afortunado trébol de cuatro hojas por el simple hecho de lograrlo.

Summary of the Story

Jacob is a little boy who had been searching for the legendary four-leaf clover in his garden. He wanted the luck that the item would grant him but as time passed and he had yet to find it he started to feel frustrated. His older sister joined him in the garden and asked why he was so upset. When he told her what was happening she told him that he didn't need luck and informed him that successful people relied on hard work rather than luck. When he asked her for examples of such people, she told him that he, his mother and herself were people who achieved success thanks to hard work and dedication. Jacob was convinced at the end but asked her for help at finding the lucky four-leaf clover just for the sake of it.

Preguntas Sobre La Historia

1) ¿Cuál es el nombre de la hermana mayor del personaje principal?
    - A. Ella
    - B. Lily
    - C. Leah
    - D. Lola

2) ¿Qué estaba buscando Jacob?
    - A. Una margarita
    - B. Una rosa
    - C. Un trébol de cuatro hojas
    - D. Una hoja de menta

3) ¿Por qué quería encontrarlo?
    - A. Para la buena suerte
    - B. Para la ciencia
    - C. Para decoración
    - D. Para un juego

4) Según Leah, ¿en qué confían las personas exitosas?
    - A. Suerte
    - B. Ayuda
    - C. Trabajo duro
    - D. Caridad

5) ¿Qué deporte practica Leah?
    - A. Baloncesto
    - B. Futbol
    - C. Béisbol
    - D. Lacrosse

QUESTIONS ABOUT THE STORY

1) **What's the name of the main character's elder sister?**
   - A. Ella
   - B. Lily
   - C. Leah
   - D. Lola

2) **What was Jacob looking for?**
   - A. A daisy
   - B. A rose
   - C. A four-leaf clover
   - D. A peppermint leaf

3) **Why did he want to find it?**
   - A. For good luck
   - B. For science
   - C. For decoration
   - D. For a game

4) **According to Leah, what do successful people rely on?**
   - A. Luck
   - B. Help
   - C. Hard work
   - D. Charity

5) **What sport does Leah practice?**
   - A. Basketball
   - B. Soccer
   - C. Baseball
   - D. Lacrosse

ANSWERS

1) C
2) C
3) A
4) C
5) A

Chapter 4. La vida no es un juego

"Está demasiado tranquilo aquí". Dijo Charlie mientras se abría paso a través del sucio y húmedo callejón. Era de noche, las luces de la calle se encendían y apagaban y la luna estaba oculta por las nubes. Subió por una escalera de emergencia oxidada hasta un techo, se colocó en el borde y miró a través de su rifle de francotirador en busca de cualquier **señal de problema**.

Unos momentos después, se escucharon fuertes sonidos de disparos debajo de él. Vio a su compañero salir corriendo de un edificio antes de refugiarse detrás de un camión y trató de localizar dónde estaba **el enemigo**. Una vez que vio al tirador que estaba disparando a su compañero, apuntó y lo derribó con un disparo en la cabeza.

"Misión cumplida. ¡**Tu equipo gana**!" Los parlantes en sus auriculares anunciaron, sacándolo de la seria atmósfera del juego.

"¡Buen juego, Chuck!" La voz de su compañero llegó a través de sus **auriculares**, felicitándolo por su hábil movimiento.

"Gracias. ¡Tú también! ¿Quieres jugar otra ronda?" preguntó Charlie.

"No puedo. Mi mamá me está llamando para almorzar. ¡**Tal vez más tarde**!"

"¡Está bien, entonces más tarde!" dijo Charlie antes de desconectarse. Abrió **un juego diferente** y estaba a punto de comenzar una ronda cuando su madre también lo llamó para almorzar. Suspiró, decepcionado de que tendría que esperar hasta después del almuerzo para jugar un poco más y se quitó los auriculares antes de poner su computadora en modo de suspensión.

Cuando salía de su **habitación**, vio a su hermanita bajando las escaleras para ir a la cocina a almorzar, y de repente perdió el sentido de la realidad y comenzó a ver sus alrededores como el entorno de un juego.

Charlie se abrió paso sigilosamente por el pasillo, escondiéndose detrás de armarios y sillas antes de bajar **silenciosamente** las escaleras. Una vez que estuvo detrás de su hermana pequeña, le apunto la nuca con el dedo índice, el cual sostenía de tal manera que parecía un arma.

"¡Pium! ¡Te tengo!" Dijo.

"¡Basta, malvado!", Dijo su hermana pequeña, dándose la vuelta para abofetear su **mano**.

"¡Eres una mala perdedora, Trixie!", Dijo. "¡Te reto a una carrera al cuartel general!"

Y con eso, la hizo a un lado y corrió a la cocina. Su hermana pequeña simplemente puso los ojos en blanco ante sus **travesuras** y caminó tranquilamente hacia la cocina.

"¡Mamá, Charlie está siendo un idiota **otra vez**!" Se quejó ella con un gemido cuando se sentó.

"Trix, ¿qué dijimos acerca de llamar así a tu hermano?", Le amonestó su **madre**.

"**Lo siento** ..." La niña se disculpó antes de sacarle la lengua a Charlie, quien le había estado sonriendo con burla.

"Gracias por ponerte del lado de mi clan, **gran maestro**", le dijo Charlie a su madre. "Y gracias por esta comida".

Su madre se rio y sacudió la cabeza hacia él. "No estoy del lado de **nadie**, Charles. No debes molestar a tu hermana ", dijo con un tono suave pero estricto.

Charlie se estremeció al escuchar su nombre. "¡No la molesté! ¡Sólo estaba jugando con ella! ¡Así, mira!" Agarró una **aceituna** de la bandeja de condimentos, la puso en su cuchara y luego dobló la cuchara de manera que le permitiera disparar la aceituna a Trixie cuando la soltara.

"Charles, **¡no te atrevas**!", Advirtió su madre.

El niño suspiró y dejó la cuchara y la aceituna. "Nadie aprecia mi **habilidad** ..."

Su madre suspiró y decidió que era hora de tener una conversación seria con el niño. "Charlie, **cariño**, tienes que dejar de actuar como si todo fuera un juego. Tu profesor llamó el otro día y me dijo que tuviste una pelea con tu compañero de clase y te negaste a disculparte."

"¡Eso fue diferente!"

"Cuando le preguntaste por qué tenías que disculparte y ella te dijo: porque heriste sus **sentimientos**, ¿qué respondiste?"

"Le pregunté cómo sabía eso cuando ella ni siquiera podía leer sus estadísticas..." Murmuró mientras evitaba hacer contacto visual.

"Sí, y creo que eres **muy** consciente de que las personas no pueden ... ver las estadísticas de otras personas, ¿no?"

"Si mamá."

"Y sabes que no debes dispararle aceitunas a tu hermana, ¿verdad?"

"Sí."

"Y tienes que dejar de referirte a la casa de nuestro vecino como 'territorio enemigo', es ofensivo".

"¡Pero su **perro** sigue ladrando cada vez que Trix y yo nos vamos a la escuela por la mañana!", Respondió él, defendiéndose.

"Charlie", dijo su madre en advertencia.

"Está bien, ya no lo llamaré así ..."

"Cariño, no estoy tratando de hacerte sentir mal. Pero si sigues actuando así, te meterás en problemas ", dijo su madre mientras le acariciaba la mejilla con **amor**. "Me hace preocuparme por ti, Charlie".

Se sintió culpable por preocupar a su madre y le sonrió tímidamente. "Lo siento mama. A veces, me distraigo, pero **prometo** que intentaré comportarme de ahora en adelante".

"Bien, porque si no lo haces, mamá y papá te quitarán tus juegos", amenazó su hermana pequeña.

"No pueden quitar los juegos en línea, genio".

"Bueno, ¡entonces te quitarán la **computadora**!"

"Ya, ya, niños. A nadie se les quitarán sus pertenencias mientras se comporten adecuadamente y Charlie prometió ser bueno", dijo su madre. "Sin embargo, los que no coman su comida no obtendrán ningún **postre**".

Los dos hermanos intercambiaron una mirada antes de centrar su atención en sus **platos** y cavar con entusiasmo hasta el fondo de ellos.

Vocabulary

Señal de problema: *signs of trouble*

El enemigo: *the enemy*

Tu equipo gana: *your team wins*

Auriculares: *headphones*

Tal vez más tarde: *maybe later*

Un juego diferente: *a different game*

Habitación: *room*

Silenciosamente: *silently*

Mano: *hand*

Travesuras: *antics*

Otra vez: *again*

Madre: *mother*

Lo siento: *sorry*

Gran maestro: *great master*

Nadie: *anyone*

Aceituna: *olive*

¡no te atrevas!: *don't you dare!*

Habilidad: *skill*

Cariño: *sweetie*

Sentimientos: *feelings*

Muy: *very*

Perro: *dog*

Amor: *love*

Prometo: *I promise*

Computadora: *computer*

Postre: *dessert*

Platos: *plates*

Summary of the Story

Charlie es un niño pequeño que está obsesionado con los videojuegos. Había estado jugando un juego en línea con un amigo y estaba tan inmerso en él que se sorprendió cuando la computadora anunció que había ganado. Cuando lo llamaron a almorzar, no pudo deshacerse de la personalidad del jugador y se comportó como si todavía estuviera jugando un juego. A su hermana pequeña le molestó su comportamiento y ella le informó a su madre, quien luego procedió a reprenderlo. Su madre le pidió que dejara de actuar como si todo en la vida estuviera relacionado con videojuegos y Charlie le prometió que sería bueno.

SUMMARY OF THE STORY

Charlie is a little boy who is obsessed with video games. He had been playing an online game with a friend and he was so immersed in it that he was surprised when the computer announced that he had won. When he was called down to lunch, he couldn't shake off the Gamer's persona and behaved as if he was still playing a game. His little sister was bothered by his behavior and she informed their mother who then proceeded to admonish him. His mother asked him to stop acting like everything in life was related to video games and Charlie promised that he would be good.

Preguntas Sobre La Historia

1) ¿Cuál es el nombre del personaje principal?
    A. Trixie
    B. Jacob
    C. Riley
    D. Charlie

2) ¿Qué le gusta hacer al personaje principal?
    A. Jugar a las cartas
    B. Jugar futbol
    C. Jugar juegos de mesa
    D. Jugar videojuegos

3) ¿Cuál era su papel en el juego que había estado jugando al principio de la historia?
    A. Un francotirador
    B. Un superhéroe
    C. Un dragón
    D. Un futbolista

4) Según él, ¿cómo puede la gente saber lo que otras personas están sintiendo?
    A. Preguntándoles
    B. Adivinando
    C. Al mirar sus estadísticas
    D. Preguntando a su mejor amigo

5) ¿Qué le prometió a su madre?
    A. Que se portaría mejor
    B. Que terminaría su comida.
    C. Que él haría su tarea.
    D. Que él dormiría temprano

Questions About the Story

1) What's the name of the main character?
    A. Trixie
    B. Jacob
    C. Riley
    D. Charlie

2) What did the main character like doing?
    A. Playing cards
    B. Playing soccer
    C. Playing board games
    D. Playing video games

3) What was his role in the game he had been playing at the beginning of the story?
    A. A sniper
    B. A super hero
    C. A dragon
    D. A soccer player

4) According to him, how can people know what other people are feeling?
    A. By asking them
    B. By guessing
    C. By looking at their stats
    D. By asking their best friend

5) What did he promise his mother?
    A. That he would behave better
    B. That he would finish his food
    C. That he would do his homework
    D. That he would sleep early

Answers

1) D
2) D
3) A
4) C
5) A

Chapter 5. Barco en una botella

En una tarde nublada, un anciano y su nieta entraron en una tienda de chucherías junto al **mar**. Mientras el anciano fue a hablar con el dueño de la tienda, la niña aprovechó la oportunidad para mirar alrededor. Admiró la variedad de pequeñas baratijas que parecían recuerdos de viajes a mundos diferentes.

Vio algunas campanillas de viento, todas diferentes en color y tamaño, lo que indica que se recolectaron a través de los años en lugar de ser suministradas en lotes desde una fábrica. Ella pasó la mano por ellos y disfrutó del suave tintineo antes de pasar al siguiente elemento que llamó su atención, **atrapa sueños**. Los artículos circulares tenían redes con diferentes patrones tejidos a través de ellos y con cuentas de colores en ellos y hermosas plumas que colgaban en la parte inferior. Cada atrapa sueños se veía único y diferente del otro. Después de mirarlos lo suficiente, se volvió hacia las bellas muñecas Matryoshka que se exhibían en un estante dedicado a ellas y se rio de lo lindas que eran las muñecas redondeadas y sonrió cariñosamente por sus colores. Debajo de ellas había huevos enjoyados que estaban recubiertos de **oro y plata**, incrustados con múltiples gemas que brillaban en la penumbra, parecían muy caras y se preguntó qué estaban haciendo en una tienda de chucherías en lugar de en una joyería.

Sin embargo, lo que más llamó la atención de la pequeña niña fueron los barcos en las botellas en la esquina de la tienda. Estaban exhibidos en un estante de manera que cada barco ocupaba un anaquel. Algunos eran más **grandes** que otros, pero todos inspiraban la misma emoción: asombro.

"¿Encontraste algo que te gustara, Aria?", Dijo su abuelo desde el otro lado de la **tienda** donde estaba el mostrador.

"¡Solo estoy mirando un poco!" Respondió ella sin apartar la vista de los barcos embotellados. "¿Cómo ...?" Murmuró para sí misma.

¿Cómo se hicieron estos artículos? Era a lo que se refería. ¿Cómo lograron las personas introducir barcos de ese tamaño a través de la pequeña abertura de las botellas tapadas con **corcho**?

El encargado de la tienda y su abuelo caminaron hasta donde ella estaba de pie y cuando su abuelo le abrazó los **hombros**, el otro hombre agarró una de las botellas.

"Te estás preguntando cómo están hechas, ¿verdad?", Le preguntó con una **expresión amable**.

"¡Sí! ¿Cómo lo supo?"

El anciano rio y le dio unas palmaditas en la cabeza con suavidad. "Todos hacen esa **pregunta** cuando ven esto", dijo, tendiéndole la botella.

Aria extendió sus manos y la tomó. Levantó la botella a la altura de los ojos y entrecerró los ojos para observar todos los detalles de la nave. Estaba hecha de **madera** y las velas parecían estar hechas de papel. Todo parecía muy realista desde el nombre pintado en el costado del barco hasta el nido del cuervo en su punto más alto.

"Bueno ... ¿sabes cómo se hizo?" Preguntó **curiosamente** al encargado de la tienda mientras le devolvía el precioso objeto.

El anciano asintió y, después de poner la botella en su lugar en el estante, volvió su atención a Aria. "Algunos creen que hace mucho tiempo, cuando los **marineros** se olvidaban de abrir sus botellas antes de irse a dormir, pequeñas criaturas salían de su escondite y comenzaban a construir barcos que luego flotaban sobre cualquier líquido que hubiera en la botella. Cuando el líquido se había secado a la **luz de la mañana**, las criaturas desaparecerían después de completar su tarea y solo quedaba la nave en la botella, lo que la hacía inadecuada para su uso. Los marineros no tuvieron más remedio que guardar los barcos embotellados para decorar o venderlos a los turistas".

Sorprendida por la **leyenda**, Aria guardo silencio durante el relato del viejo encargado de la tienda.

"Sin embargo," el viejo reanudó. "Los **seres humanos** comenzaron a recrear el trabajo de las pequeñas criaturas y comenzaron a hacer estos modelos por sí mismos. **De hecho**" dijo mientras miraba a su abuelo. Tu viejo sabe cómo hacerlos. ¡Todo esto fue hecho por tu abuelo!

Aria jadeó y volvió la **cabeza** para mirar a su abuelo. "¿En serio?" Ella susurró.

El abuelo se rio y la abrazó. "Está bien. **Podemos** hacer uno cuando lleguemos a casa si lo desea". Le dijo a ella

"¡Sí, por favor!", Dijo con gran **entusiasmo**.

Fiel a su palabra, una vez que los dos volvieron a su casa, el abuelo recogió madera, papel, pegamento y otros **suministros** que eran necesarios para la fabricación del modelo.

"Primero, haremos la base de la nave", dijo el abuelo mientras tomaba un trozo de madera y comenzaba a tallarlo en la forma adecuada antes de pintarlo de un color **marrón oscuro**. "Entonces, empezamos por deslizarlo dentro de la botella. Montaremos las diferentes piezas de la nave dentro de la botella"

Procedió a hacer eso justo antes de pedirle que dibujara la forma de las velas en el papel. "Ahora corta el **papel** mientras ato el hilo que representará las cuerdas a la base de la nave"

Los dos trabajaron en silencio, cada uno absorto en su tarea y cuando llegó el momento del **toque final**, el abuelo usó dos largos ganchos de metal para extraer los hilos que estaban atados a las velas y con un rápido tirón, las velas se extendieron abiertamente y la pieza estuvo completa.

"Sólo un último detalle", dijo mientras extendía el corcho. "¿Te gustaría hacer los **honores**?"

"¡Será un placer!" Aria tomó el pedazo de madera de su mano y lo insertó en la abertura de la botella de vidrio. "Ahí. **¡Todo listo!**"

Vocabulary

Mar: *sea*

Atrapa sueños: *dreamcatcher*

Oro y plata: *gold and silver*

Grandes: *larger*

Tienda: *shop*

Corcho: *cork*

Hombros: *shoulders*

Expresión amable: *kind expression*

Pregunta: *question*

Madera: *wood*

Curiosamente: *curiously*

Marineros: *sailors*

Luz de la mañana: *morning light*

Leyenda: *legend*

Seres humanos: *humans*

De hecho: *in fact*

Cabeza: *head*

Podemos: *we can*

Entusiasmo: *enthusiasm*

Suministros: *supplies*

Marrón oscuro: *deep brown*

Papel: *paper*

Toque final: *final touch*

Honores: *honors*

¡todo listo!: *all done!*

Resumen de la historia

Aria y su abuelo fueron a una tienda de chucherías junto al mar y mientras su abuelo hablaba con el encargado de la tienda, ella vagó y admiró los artículos que se exhibían en los estantes de la tienda. Vio campanitas de viento, atrapa sueños, huevos enjoyados e incluso muñecas rusas, pero lo que más le llamó la atención fue una colección de barcos en botellas que se exhibían en un rincón de la tienda. El encargado de la tienda le había contado una leyenda acerca de cómo los primeros objetos de ese tipo estaban hechos por pequeñas criaturas y luego le informó que algunos humanos aprendieron a imitar su trabajo, incluido su abuelo y cuando ella y su abuelo se fueron a casa, él le enseñó cómo hacer un barco embotellado.

Summary of the Story

Aria and her grandfather went to a gift shop by the sea and while her grandfather spoke to the shopkeeper, she wandered around and admired the items that were displayed on the shelves of the shop. She saw wind chimes, dream catchers, jeweled eggs and even Russian dolls but what caught her interest the most was a collection of ships in bottles displayed in a corner in the shop. The shopkeeper had told her a legend about how the first items of that kind were made by tiny creatures and then informed her that some humans learned to mimic their work, her grandfather included and when she and her grandfather went home, he taught her how to make a model of a bottled ship.

Preguntas Sobre La Historia

1) **¿Cuál es el nombre del personaje principal?**
    - **A.** Andria
    - **B.** Aleah
    - **C.** Alia
    - **D.** Aria

2) **¿Dónde estaba ella al principio de la historia?**
    - **A.** En una tienda de juguetes
    - **B.** En una tienda de joyería.
    - **C.** En una tienda de baratijas
    - **D.** En una panadería

3) **¿Con quién estaba ella?**
    - **A.** Su abuelo
    - **B.** Su madre
    - **C.** Su tía
    - **D.** Su hermano

4) **¿Cuál de estos objetos no estaba en la tienda?**
    - **A.** Cofre de madera tallada
    - **B.** Atrapa sueños
    - **C.** Barco en una botella
    - **D.** campanillas de viento

5) **¿Qué hicieron la niña y su abuelo cuando se fueron a casa?**
    - **A.** Hicieron un barco en una botella
    - **B.** Cenaron
    - **C.** Hicieron una cometa
    - **D.** Vieron una película

Questions About the Story

1) **What's the name of the main character?**
    A. Andria
    B. Aleah
    C. Alia
    D. Aria

2) **Where was she at the beginning of the story?**
    A. In a toys' store
    B. In a jeweler's shop
    C. In a trinket shop
    D. In a bakery

3) **Who was she with?**
    A. Her grandfather
    B. Her mother
    C. Her aunt
    D. Her brother

4) **Which of these objects wasn't in the shop?**
    A. Carved wooden chest
    B. Dreamcatcher
    C. Ship in a bottle
    D. Wind chime

5) **What did she and her grandfather do when they went home?**
    A. They made a ship in a bottle
    B. They had dinner
    C. They made a kite
    D. They watched a movie

ANSWERS

1) D
2) C
3) A
4) A
5) A

CHAPTER 6. ¿DULCES EN TODAS LAS COMIDAS?

La casa de los Walters había permanecido en silencio, excepto por el ruido de los tenedores de los platos. Toda **la familia** se reunió para disfrutar del almuerzo juntos y, aunque hablaban de vez en cuando, se centraban principalmente en comer su comida.

Jayden, el miembro más joven de la familia, pico un trozo de zanahoria y lo miró con curiosidad. No tenía **mal sabor** y nunca tuvo problemas para comer sus vegetales, pero no los encontró tan buenos como el chocolate o los dulces.

"¿Hay algún **problema** con tu comida, hijo?" Su padre, que había preparado el almuerzo ese día, le preguntó mientras lo observaba mirar fijamente el trozo de zanahoria.

"No, está bien." Jayden dijo mientras se metía la **verdura** en la boca.

"¿Por qué lo mirabas así, entonces?" Preguntó su madre.

El **niño pequeño** se encogió de hombros con indiferencia. "Simplemente no entiendo".

Su vaga respuesta no aclaró nada para sus padres y su padre preguntó qué era lo que no entendía **exactamente**.

Jayden terminó de masticar su **comida** antes de responder. "Bueno, ¿por qué tenemos que comer verduras, carne, pasta y todo eso cuando en vez de eso podemos comer cosas sabrosas?"

"¿No crees que la pasta es sabrosa? Pensé que te gustaban los espaguetis con albóndigas" dijo su padre. "Dijiste que estaba sabroso la **última vez** que lo comimos".

"Sí, supongo que no está mal ..." Suspiró antes de comer un poco de **brócoli** de su plato.

Sus padres se miraron entre sí **antes** de que su madre le preguntara qué quería decir con cosas sabrosas.

"Bueno, ya saben..." Dejó el tenedor y miró a sus padres. "Barras de **chocolate** y paletas y osos de gomita. Cosas sabrosas como esa. ¿Por qué no podemos comerlos en cada comida? Solo podemos comerlos como golosinas o en fiestas"

"Bueno, porque no son muy **nutritivos**", dijo su padre.

Jayden no sabía qué significaba nutritivo y solo miró a su padre, quien captó la sugerencia y comenzó a **explicar** en términos más simples.

"No obtienes vitaminas y proteínas de los dulces. **Básicamente** es solo azúcar ... bueno, y hay algo de grasa en el chocolate y algunos otros tipos de dulces".

"Pensé que el azúcar nos da energía", argumentó Jayden.

"Bueno, lo hace, pero solo en **pequeñas cantidades**. Y hay algunos azúcares más complejos que dan energía de mejores maneras y puedes encontrarlos en las papas y la pasta" explicó la madre de Jayden mientras señalaba su plato.

Miró la porción de puré de papas en su plato y tragó antes de volverse hacia sus padres. "Haylee tiene esas **pastillas** que contienen vitaminas", dijo, señalando con el tenedor a su hermana mayor. "¿Por qué no podemos tomar esos en lugar de verduras? De esta manera obtenemos vitaminas y mantenemos el espacio en nuestras barrigas para los dulces"

"Bueno, esas pastillas se llaman **suplementos** y solo se usan para ayudarte en conjunto. Haylee todavía se come todas sus verduras y comida, ¿no es así? "Respondió su madre.

"Supongo..."

"Y, los suplementos no tienen fibras en ellos. Las fibras son muy **importantes** porque ayudan a tu barriga a digerir tus alimentos. Si no comes suficiente fibra, puedes tener dolores estomacales" agregó su padre.

"E incluso cuando comes tu comida, aún puedes tener dolores de estómago por comer demasiados dulces y caramelos. ¿Recuerdas aquella vez que te comiste la mitad del **pastel** en el cumpleaños de la abuela? ", Le preguntó su madre arqueando la ceja a sabiendas.

Jayden se estremeció ante el recuerdo. No solo tenía un dolor de estómago **terrible**, sino que también tenía que beber una medicina desagradable y de sabor amargo para mejorar. Ugh! "Sí. Recuerdo eso."

"¡Y los dulces te hacen engordar!", Dijo su hermana mayor, hablando por **primera vez** desde que comenzó la conversación.

Jayden frunció el ceño y la miró con curiosidad. ¿Cómo podría un poco de caramelo engordar a alguien? Miró a su plato que todavía estaba **medio lleno**. Si algo pudiera engordar a la gente, sería la enorme cantidad de alimentos que comen en cada comida. "Creo que la pasta y el puré de papas pueden hacerte engordar ...", respondió.

Su hermana puso los ojos en blanco, pero fue su madre quien le respondió. "Necesitas algunos carbohidratos que puedes obtener de la pasta, las papas, el pan y esos alimentos. Luego, tu cuerpo toma algo de tiempo para convertirlos en **azúcar**, por lo que no engordan al comerlos a menos que comas más de lo que deberías. Las verduras no tienen mucha azúcar y la carne no tiene nada de azúcar. Pero los dulces son azúcar pura y, a menos que estés haciendo alguna actividad que pueda quemar esa azúcar rápidamente, tu cuerpo la almacenará como grasa. De hecho, comer alimentos saludables te ayuda a mantenerte en forma porque llenas tu estómago con cosas que son buenas para tu **cuerpo** y estás demasiado lleno para comer barras de chocolate ". Dijo mientras juguetonamente le pellizcaba la mejilla.

"Entiendo que la pasta y las papas me dan energía y que las verduras mantienen mi estómago sano, pero ¿qué hace la carne?", Preguntó el niño con un **tono desafiante**. Claro, la carne sabía bastante bien, pero no era mejor que los dulces.

"La carne te ayuda a crecer. Las personas que tienen músculos grandes comen mucha carne, pescado y huevos para obtener proteínas. Así como la leche ayuda a que tus **huesos** se vuelvan más fuertes, la carne también ayuda a tus músculos" Su padre respondió mientras flexionaba el brazo para mostrarle a Jayden su bíceps.

Muy bien, Jay tuvo que admitir que la idea de tener músculos como su padre era muy buena y quería crecer alto y fuerte como él. Miró su plato, recogió su **tenedor** y volvió a comer su comida. Una vez que terminó su plato, miró a su padre y le preguntó: "Entonces, ¿qué hay de postre?"

Todos en la **mesa** negaron con la cabeza en señal de exasperación.

"Ensalada de frutas", dijo su padre.

La expresión decepcionada de Jayden hizo reír a todos.

Vocabulary

la familia: *the family*

mal sabor: *bad taste*

problema: *problem*

verdura: *vegetable*

niño pequeño: *little boy*

exactamente: *exactly*

comida: *food*

última vez: *last time*

brócoli: *broccoli*

antes: *before*

chocolate: *Chocolate*

nutritivos: *nutritious*

explicar: *explaining*

Básicamente: *basically*

pequeñas cantidades: *small amounts*

pastillas: *pills*

suplementos: *supplements*

importantes: *important*

pastel: *cake*

terrible: *terrible*

primera vez: *first time*

medio lleno: *half full*

azúcar: *sugar*

cuerpo: *body*

tono desafiante: *challenging tone*

huesos: *bones*

tenedor: *fork*

mesa: *table*

Resumen de la historia

La familia de Jayden se reunió en la mesa de la cocina para almorzar y todos comieron en silencio hasta que él habló. Les preguntó a sus padres por qué no podían simplemente comer dulces en cada comida en lugar de comer verduras, pasta y carne. A pesar de que no odiaba el sabor de esas cosas, pensó que los dulces sabían mucho mejor y que hubiera preferido comer eso. Sus padres le explicaron que esos alimentos tienen nutrientes que su cuerpo necesita para crecer y mantenerse saludable: las verduras tenían vitaminas y fibras que ayudaban a su digestión, las pastas tenían carbohidratos que le daban energía y la carne tenía proteínas que ayudaban a que sus músculos crecieran. Jayden finalmente quedó satisfecho con su respuesta, pero todavía estaba decepcionado cuando supo que no habría pastel de chocolate de postre.

SUMMARY OF THE STORY

Jayden's family was gathered at the kitchen table for lunch and they all ate silently until he spoke. He asked his parents why they couldn't simply eat candy at every meal instead of eating vegetables, pasta and meat. Though he didn't hate the taste of those things, he thought that candy tasted much better and he would have preferred to eat that. His parents explained to him that those foods have nutrients that his body needed to grow and stay healthy: Vegetables had vitamins and fibers that helped his digestion, pasta had carbs that give him energy and meat had protein that helps his muscles grow. Jayden was eventually satisfied with their answer but was still disappointed when he learned there would be no chocolate cake for desert.

Preguntas Sobre La Historia

1) ¿Cuál es el nombre del personaje principal?
    A. Haylee
    B. Jayden
    C. Bobby
    D. Riley

2) ¿Dónde estaba él al principio de la historia?
    A. En la cocina
    B. En la sala comedor
    C. En el baño
    D. En el jardín

3) ¿Qué quería comer?
    A. Dulces
    B. Pasta
    C. Plátanos
    D. Pollo

4) Según el padre de Jayden ¿Que ayuda con la digestión?
    A. Vitaminas
    B. Carbohidratos
    C. Fibras
    D. Proteína

5) ¿Qué hizo el padre de Jayden para el postre?
    A. Pastel de queso
    B. Pastel de manzana
    C. Pastel de chocolate
    D. Ensalada de frutas

QUESTIONS ABOUT THE STORY

1) **What is the name of the main character?**
    - **A.** Haylee
    - **B.** Jayden
    - **C.** Bobby
    - **D.** Riley

2) **Where was he at the beginning of the story?**
    - **A.** In the kitchen
    - **B.** In the living room
    - **C.** In the bathroom
    - **D.** In the garden

3) **What did he want to eat?**
    - **A.** Candy
    - **B.** Pasta
    - **C.** Bananas
    - **D.** Chicken

4) **According to Jayden's father, what helps with digestion?**
    - **A.** Vitamins
    - **B.** Carbs
    - **C.** Fibers
    - **D.** Protein

5) **What did Jayden's father make for dessert??**
    - **A.** Cheesecake
    - **B.** Apple pie
    - **C.** Chocolate cake
    - **D.** Fruit salad

ANSWERS

1) B
2) A
3) A
4) C
5) D

Chapter 7. Seguro y a salvo

Eleanor golpeó sus dedos sobre el escritorio mientras observaba el progreso de su descarga en la **pantalla** de la computadora. Había encontrado algunos juegos realmente agradables en línea, y pensó que serían una buena forma de pasar las vacaciones de verano cuando hacía demasiado calor para jugar afuera. Sin embargo, después de ver las **descripciones** de los juegos, se emocionó y quiso probarlos inmediatamente. El único problema era que tardaban demasiado en descargarse y ella estaba perdiendo la paciencia.

"¡Ughhh!" Gruñó en frustración. "¡Vamooos! ¡Más rápido, por favor!"

Su hermana mayor que había estado caminando por su habitación en ese momento sintió curiosidad y llamó a la puerta de su habitación que estaba abierta. "**¿Puedo entrar?**" preguntó Ella.

"Claro..." respondió Eleanor **distraídamente**.

"¿Cuál es el problema, Elle?" Preguntó su hermana mientras se sentaba en el borde de su **cama**.

"¡Es este estúpido y lento internet! ¡He estado esperando que estos **archivos** se descarguen por mucho tiempo! ", Respondió la niña con enojo.

"¿Estás descargando archivos? ¿Son de una fuente segura? ", Preguntó su hermana, cepillándose el cabello detrás de la **oreja** mientras se inclinaba para mirar la pantalla de la computadora.

Eleanor se encogió de hombros y explicó que ella realmente no había comprobado la fuente. "**Ni siquiera sé** la diferencia entre una fuente segura y una insegura".

"Bueno, déjame mostrarte". Su hermana se levantó y se colocó detrás de su silla antes de inclinarse hacia adelante y tomar el ratón. Navegó a un sitio web y colocó el cursor en la parte superior del **navegador** donde se había escrito el enlace. "¿Ves este candado verde? Significa que el sitio web en el que estás es seguro y **verificado**. Todo lo que descargues de este sitio web no dañará tu computadora". Ella le informó antes de pedirle que ingresara al sitio desde donde estaba descargando sus juegos.

"¡Mira! ¡Hay un **candado verde**! " Dijo la niña, apuntando su dedo índice hacia el icono.

Su hermana asintió antes de cerrar la pestaña. "Sí, este sitio web también es seguro por lo que tus **juegos** son seguros también".

Eleanor asintió en comprensión. "¿Qué sucede si descargo cosas de sitios web no verificados?"

"Bueno, eso depende. A veces, está bien. Si tienes la suerte, no sucede nada malo, pero **a veces** puedes descargar un virus en tu sistema"

Elle inclinó la cabeza con curiosidad y le preguntó a su hermana qué son los virus y cómo funcionan. "**Siempre** escucho a la gente hablar de ellos, pero nunca entendí qué son exactamente los virus informáticos".

"Bueno, un virus informático es un tipo de malware. Al igual que otros programas maliciosos, un virus es un **programa** que se ejecuta junto con otro programa. En nuestro caso, un virus puede correr junto con uno de los juegos que estás descargando y copiarse en tu sistema. Puede ejecutar instrucciones nocivas que pueden dañar tus archivos y ralentizar la computadora".

"¡Oh! Eso es lo que pasa cuando nos resfriamos, ¿verdad? El virus se mete dentro de nuestros cuerpos y nos enferma y hace que no podamos salir de la cama. **Comentó** la pequeña niña.

"¡Sí! De hecho, es por eso que este tipo de malware se llama virus. Porque funciona de la misma manera que el virus de la **gripe** o el resfrío" Dijo su hermana.

"Sigues diciendo 'este tipo de malware', ¿cuáles son los otros **tipos**?", Dijo Elle inclinándose hacia adelante en su silla.

"Bueno, hay muchos otros tipos. Uno de ellos es un tipo que se llama Troyano. ¿Conoces la **historia** del caballo de Troya?

Elle sacudió la cabeza para indicar que no la conocía.

"Bueno, se dice que la esposa del rey de Esparta, Helen, fue secuestrada y llevada a Troya. Esto le hizo **pedir ayuda** a los griegos que accedieron a rescatarla. Ahora, la ciudad de Troya estaba protegida por altos muros y no era fácil ingresar, por lo que el general griego Odiseo pensó en un truco para entrar y salvar a Helen con sus guerreros. Y así, los griegos construyeron un enorme caballo de madera y lo dejaron fuera de las puertas de Troya como un regalo y el ejército fingió irse. Los troyanos, felices por su victoria, arrastraron el caballo dentro de la ciudad y lo pusieron en exhibición y por la noche, cuando todos dormían, algunos **guerreros** que se habían escondido dentro del caballo salieron y abrieron las puertas de Troya al resto del ejército y bueno, puedes adivinar quién ganó esa guerra"

Elle escuchó la historia con gran fascinación antes de **preguntar** cómo se relacionaba eso con el malware.

"El malware Troyano funciona de una manera similar. Se disfraza de un software inofensivo para **engañarte** y hacer que lo descargues e instales. Una vez que está en tu sistema, puede dar a los atacantes acceso no autorizado a tu computadora y pueden espiarte, robarte archivos e incluso descargar más malware en tu computadora"

"Oh ... ¡Eso es horrible!", Dijo Eleanor mientras miraba la pantalla de su computadora. Su descarga seguía progresando y volvió su atención a su **hermana**. "¿Cómo puedo proteger mi computadora de un malware?"

"Puedes usar un software antivirus. Por lo general, te advierten cuando estás a punto de descargar algo sospechoso e incluso puedes usarlo para limpiar tu computadora del malware que ya está allí. Como dije antes, evita ir a sitios web que no estén verificados y seguros y no descargue nada de una **fuente desconocida**. Y solo para estar seguro, si hay archivos importantes en tu computadora, haz una copia de **respaldo** y cárgala en la nube o guárdala en una unidad flash para no perder todo en caso de que algo le pase a tu sistema."

Eleanor asintió con entusiasmo y **agradeció** a su hermana por sus explicaciones. "Todo tiene mucho más sentido ahora".

Elle volvió la vista su computadora y descubrió que sus juegos habían terminado de descargarse y ella comenzó a instalarlos con entusiasmo. Ahora que sabía con seguridad que no eran dañinos para su computadora, los disfrutaría **aún más**.

Vocabulary

Pantalla: *screen*

Descripciones: *descriptions*

¿puedo entrar?: *can I come in?*

Distraídamente: *distractedly*

Cama: *bed*

Archivos: *files*

Oreja: *ear*

Ni siquiera sé: *I don't even know*

Navegador: *browser*

Verificado: *verified*

Candado verde: *green padlock*

Juegos: *games*

A veces: *sometimes*

Siempre: *always*

Programa: *program*

Comentó: *remarked*

Gripe: *cold / flu*

Tipos: *types*

Historia: *story*

Pedir ayuda: *ask for help*

Guerreros: *warriors*

Preguntar: *ask*

Engañarte: *trick you*

Hermana: *sister*

Fuente desconocida: *unknown source*

Respaldo: *backup*

Agradeció: *thanked*

Aún más: *even more*

Resumen de la historia

Eleanor estaba sentada en el escritorio de su computadora, esperando que sus juegos terminaran de descargarse. Tomaba mucho tiempo y ella estaba perdiendo la paciencia. Su hermana mayor pasó por su habitación y le preguntó qué ocurría y, después de que Eleanor le explicó a su hermana, ella le preguntó si estaba segura de que la fuente de su descarga era segura. Elle le dijo que no sabía y, después de verificar y asegurarse de que sus descargas no eran sospechosas, su hermana mayor le contó acerca de dos tipos de malware, virus y troyanos, y cómo podían dañar su computadora.

SUMMARY OF THE STORY

Eleanor was sitting at her computer desk, waiting for her games to finish downloading. It was taking a lot of time and she was losing her patience. Her elder sister passed by her room and asked her what was the matter and after Eleanor explained her sister asked her if she was sure that the source of her download was secure. Eleanor told her that she didn't know and after checking and making sure that her downloads were not suspicious, her elder sister told her about two types of malware, Viruses and Trojans and how they could harm her system.

Preguntas Sobre La Historia

1) ¿Cuál es el nombre del personaje principal?
    A. Ellen
    B. Eliza
    C. Eleanor
    D. Elise

2) ¿Qué estaba descargando al principio de la historia?
    A. Música
    B. Imágenes
    C. Películas
    D. Juegos

3) ¿Quién llego a su habitación?
    A. Su hermana
    B. Su abuela
    C. Su tía
    D. Su madre

4) Según el texto, ¿cuál es el color del icono que indica que un sitio web es seguro?
    A. Azul
    B. Marrón
    C. Verde
    D. Rojo

5) ¿Cuál de estos malware fue mencionado en el texto?
    A. Adware
    B. Spyware
    C. Gusano
    D. Troyano

Questions About the Story

1) What is the name of the main character?
    A. Ellen
    B. Eliza
    C. Eleanor
    D. Elise

2) What was she downloading at the beginning of the story?
    A. Music
    B. Images
    C. Movies
    D. Games

3) Who joined her in her room?
    A. Her sister
    B. Her grandmother
    C. Her aunt
    D. Her mother

4) According to the text, what is the color of the icon that indicates that a website is secure?
    A. Blue
    B. Brown
    C. Green
    D. Red

5) Which of these malwares was mentioned in the text?
    A. Adware
    B. Spyware
    C. Worm
    D. Trojan horse

ANSWERS

1) C
2) D
3) A
4) C
5) D

Chapter 8. Pequeñito

El **sol** bañó al mundo en su calidez y su luz brilló sobre las flores en pleno florecer. En esta hermosa mañana, una niña pequeña contemplaba el animado jardín de su abuela desde el asiento de la ventana de su habitación con un vaso de **limonada** en la mano. Ella suspiró felizmente después de respirar profundamente el aire fresco que llevaba los dulces olores de las plantas y apoyó la cabeza en la ventana, sintiéndose tranquilamente en casa.

De repente, un pequeño movimiento irregular llamó su atención y, mientras enfocaba su mirada en la fuente del movimiento, vio que era una **araña** pequeñita que colgaba de un hilo que la brisa arrastraba.

Felicity se rió ante la extraña imagen y, de hecho, le recordó a una película que había visto no hacía mucho tiempo con sus abuelos.

"Esta araña se parece a los ladrones que cayeron del techo para robar la gema del museo real". Pensó mientras observaba al pequeño insecto alejarse de ella, volando hacia lo **desconocido**. Volvió la vista hacia la maceta que estaba justo debajo de la ventana y observó a una abeja mientras metía la cabeza en una flor y se echó a reír. "¡Qué pequeña criatura tonta!" Dijo mientras observaba al pequeño insecto volador que se abría paso dentro de **la flor**. ¡Las abejas seguro trabajan duro!

La niña suspiró y pensó que la vida debía ser muy interesante para los insectos. Se preguntó cómo sería ver las cosas desde su perspectiva. Todo debía parecer enorme y lo que vio como pequeñas briznas de hierba debían parecerse a **una jungla** para los diminutos insectos en el jardín de su abuela.

"Si solo pudiera encogerme por un día ..." Pensó con un bostezo perezoso antes de quedarse dormida contra **la ventana**.

Cuando despertó, todavía estaba en el asiento de la ventana dentro de la casa de su **abuela**, pero se había vuelto mucho más pequeña de lo que recordaba ser.

"Ten cuidado con lo que deseas, ¿eh ...?" Ella murmuró para sí misma mientras miraba a su alrededor con fascinación. Aunque realmente no sentía ningún arrepentimiento. Estaba emocionada por este nuevo cambio en los eventos y no podía esperar a ver cómo iba a ir su día. Ella pasó algún tiempo observando sus alrededores. Todo se veía diferente. El, ahora tibio, vaso de limonada que había estado tomando antes parecía una torre y el asiento de la ventana parecía tan grande como una autopista. **Los rayos del sol** que brillaban a través del cristal eran bastante brillantes y cálidos, y se aseguró de permanecer en las áreas menos intensas. Lo que una vez sintió como una brisa ligera se convirtió en un viento que hacía que su cabello volara alrededor de su cara en formas locas.

Cuando se volvió para ir su habitación, no podía ver mucho más allá de la vasta extensión de su cama. El **osito de peluche** que estaba en él se alzaba como una gran estatua y ella dejó de pensar en explorar la habitación tan pronto como lo pensó. Quería ver cómo era el mundo exterior y **no estaba segura** de poder volver a subir al asiento de la ventana si se bajaba ahora.

Y así, cuando se volvió hacia la ventana, la miró para ver si podía encontrar la manera más fácil de salir al jardín y su búsqueda pronto fue recompensada con éxito. Caminó hacia el **lado más izquierdo** de la ventana y probó los tallos de la planta que se había torcido en las paredes de la casa de sus abuelos y cuando estuvo segura de que eran lo suficientemente resistentes, bajó por ellos.

El olor de la hierba recién cortada golpeó sus sentidos y ella caminó a través de ella, sacudiendo las hojas de hierba con sus manos. Miró a su derecha y vio una fila de hormigas caminando a **paso vigoroso**. La mayoría de las hormigas tenían algún tipo de grano que era el doble de su tamaño y ella las vio pasar con **admiración**.

Una vez que la fila de hormigas abandonó su entorno, siguió caminando hacia adelante y el siguiente insecto que vio fue un ciempiés. Soltó un grito de asombro cuando el insecto se veía mucho más intimidante cuando era tan pequeña y decidió **quedarse quieta** y en silencio, fingiendo que ella no existía hasta que estuviera despejado. Cuando el insecto con más patas de las que podía contar pasó, reanudó su paseo por el jardín. "Wow ..." Ella susurró con asombro cuando vio una **libélula** justo antes de que se fuera volando. Fue muy hermoso y se sintió afortunada por haberlo visto de **cerca**.

A medida que avanzaba por el jardín, también se encontró con una criatura **menos bonita**. Ella torció sus labios con disgusto cuando una babosa se arrastró frente a ella dejando un rastro de baba que tenía que cruzar para poder continuar. "Supongo que es lo que es..." Se dijo a sí misma mientras ponía cuidadosamente un pie tras otro más allá del rastro de baba. Sin embargo, mientras estaba ocupada tratando de no ensuciarse sus zapatos con nada de la **asquerosa sustancia**, no vio la mantis religiosa gigante que se cernía sobre ella y cuando se giró, vio que se abalanzaba sobre ella. En una fracción de segundo, antes de que pudiera gritar, se encontró en el aire. Cuando levantó la vista, solo pudo ver las grandes y coloridas alas de una mariposa. El insecto la depositó en el alféizar de la ventana y asintió con la cabeza antes de volar.

"¡Gracias por salvarme!" Felicity gritó, agitando su mano hacia la **mariposa**.

"Supongo que es **suficiente** emoción por hoy ..." Se dijo a sí misma mientras se deslizaba por la cortina antes de subir a su cama y acomodarse junto al enorme oso de peluche. Decidiendo tomar **una siesta** después de su agotadora caminata por el jardín gigante, cerró los ojos y, de alguna manera, supo que cuando los abriera de nuevo, volvería a tener su tamaño normal.

Vocabulary

Sol: *sun*

Limonada: *lemonade*

Araña: *spider*

Desconocido: *unknown*

La flor: *the flower*

Una jungla: *a jungle*

La ventana: *the window*

Abuela: *grandmother*

Los rayos del sol: *the sun rays*

Osito de peluche: *teddy bear*

No estaba segura: *she was not sure*

Lado más izquierdo: *leftmost side*

Paso vigoroso: *brisk pace*

Admiración: *admiration*

Quedarse quieta: *stay still*

Libélula: *dragonfly*

Cerca: *close*

Menos bonita: *less pretty*

Asquerosa sustancia: *gross substance*

Mariposa: *butterfly*

Suficiente: *enough*

Una siesta: *a nap*

Resumen de la historia

Felicity se instaló en el asiento de la ventana de su habitación en la casa de sus abuelos con un vaso de limonada. Ella admiraba felizmente la vista del jardín de su abuela en plena floración y se relajaba mientras lo observaba hasta que una araña pequeña que colgaba de su hilo llamó su atención. El insecto le recordó a la niña una escena de una película y se preguntó cómo sería ser tan pequeña como un insecto. Se quedó dormida contra la ventana y cuando se despertó, descubrió que su cuerpo había cambiado mucho: ¡era tan pequeña como una hormiga! Felicity aprovechó su nuevo tamaño para explorar el jardín desde una nueva perspectiva y se encontró con diferentes insectos como una libélula, una babosa e incluso una mantis religiosa que casi la vuelve comida antes de que la salvara una mariposa que se la llevó de vuelta a la ventana de su habitación. Felicity decidió que ya había explorado lo suficiente y tomó una siesta, sabiendo que se despertaría con su tamaño normal.

SUMMARY OF THE STORY

Felicity was settled in the window seat in her room at her grandparents' house with a glass of lemonade. She happily admired the sight of her grandmother's garden in full bloom and was relaxing as she watched it until a little spider that was hanging on its thread flew by her. The insect reminded the little girl of a movie scene and she wondered how it would be like to be as tiny as an insect. She fell asleep against the window and when she woke up, she found out that her body had changed a lot: she was as small as an ant! Felicity took advantage of her new size to explore the garden from a new perspective and she came across different insects like a dragonfly, a slug and even a praying mantis that almost made a meal out of her before she was saved by a butterfly that took her back to her room's window. Felicity decided that she had explored enough and took a nap, knowing that she would wake up in her normal size.

Preguntas Sobre La Historia

1) **¿Dónde estaba Felicity al principio de la historia?**
   A. En su cuarto
   B. En el jardín
   C. En la escuela
   D. En la casa de un amigo

2) **¿Qué insectos vio primero cuando se hizo pequeñita?**
   A. Arañas
   B. Hormigas
   C. Mariquitas
   D. Abejas

3) **¿Qué insecto estaba a punto de atacar a Felicity?**
   A. Un saltamontes
   B. Una cucaracha
   C. Una oruga
   D. Una mantis religiosa

4) **¿Qué insecto la salvó?**
   A. Una mariposa
   B. Una abeja
   C. Una libélula
   D. Una luciérnaga

5) **¿Qué hizo Felicity al final de la historia?**
   A. Ella tomó una siesta
   B. Ella busco un bocadillo
   C. Ella dio un paseo
   D. Ella jugó videojuegos

QUESTIONS ABOUT THE STORY

1) Where was Felicity at the beginning of the story?
    A. In her room
    B. In the garden
    C. At school
    D. At a friend's house

2) What insects did she see first when she became small?
    A. Spiders
    B. Ants
    C. Ladybugs
    D. Bees

3) Which insect was about to attack Felicity?
    A. A grass hopper
    B. A cockroach
    C. A caterpillar
    D. A praying mantis

4) Which insect saved her?
    A. A butterfly
    B. A bumble bee
    C. A dragonfly
    D. A firefly

5) What did Felicity do at the end of the story?
    A. She took a nap
    B. She had a snack
    C. She took a walk
    D. She played video games

ANSWERS

1) A
2) B
3) D
4) A
5) A

Chapter 9. Llorar no es algo malo

El cielo estaba despejado y el sol brillaba intensamente. Los pájaros trinaban junto con el sonar de los grillos para agregar un sonido alegre a los vibrantes **colores del verano**. Los aplausos y las risas de los niños mientras jugaban al fútbol en el parque de su vecindario se sumaban a la sinfonía, todo era perfecto hasta que uno de ellos tropezó y tuvo una **desagradable caída**.

"**¡Tiempo fuera**, Riley se cayó!" Gritó uno de los niños, deteniendo a los otros en medio del juego.

Todos se reunieron alrededor del niño y le preguntaron con preocupación si estaba bien.

"Si, **estoy bien**." Dijo Riley, apretando los **dientes** por el dolor.

"Tu rodilla está **sangrando**, se ve bastante mal. Deberías irte a casa". Sugirió uno de sus amigos.

Riley se negó obstinadamente al principio y puso cara de **valiente**, diciendo que era solo un **rasguño**, pero ante la insistencia de sus amigos, terminó cojeando a casa con la ayuda de uno de los niños que vivían cerca.

"**¿Te duele mucho?**" Preguntó su amigo mientras lo sostenía con un brazo alrededor de su hombro.

"No. En realidad no. Solo arde un poco. Podría haber seguido jugando..." Respondió Riley con una mueca de dolor mientras daba otro paso.

Su amigo notó que estaba claramente adolorido pero no quería contradecirlo y una vez que llegaron a la casa de Riley, le deseó una **rápida recuperación** y se despidió. "¡Mejórate pronto! ¡Te necesitamos en el equipo!"

"¡Gracias por tu ayuda!" Riley le dijo adiós con la mano y llamó al timbre. Cambió cuidadosamente su peso sobre la **pierna ilesa** y respiró profundamente. El dolor había empezado a agudizarse. Mientras esperaba que alguien abriera la puerta, se concentró en no llorar. Sus ojos comenzaron a llorar pero no quería mostrar ninguna debilidad y no quería preocupar a sus padres.

"Hola, cariño." Su madre lo saludó con una sonrisa que rápidamente se convirtió en una **expresión** de preocupación al ver su rodilla sangrante. "¡¿Qué te pasó, Riley?!" Ella lloró.

"Tuve una **pequeña caída** mientras jugaba al fútbol". Dijo después de aclararse la garganta.

"Vamos cariño, cuidemos tu **herida**". Dijo su madre mientras lo ayudaba.

Una vez dentro, los dos fueron al baño y lavaron la herida de Riley antes de secarla y poner un antiséptico en las cortadas. Su madre le puso una venda en la rodilla y lo ayudó a subir a su habitación para poder recostarse y descansar. Pero cuando ella lo ayudó a quitarse los **zapatos**, notó que su pie estaba hinchado y, después de tocarlo un poco, sospechó que se lo había torcido cuando tropezó. Llamó a su vecina, que era médico, para que lo examinara y, cuando se determinó que no era nada que exigiera una visita al hospital, le frotó un poco de alcohol y lo vendó.

"Aquí, déjame poner esto bajo tu pie". Dijo ella mientras agarraba un pequeño cojín y le levantaba la canilla.

Su madre se sentó a su lado en el borde de la cama y le acarició la mejilla. "Mi pobre niño. Debes sentir **tanto dolor**". Ella dijo con una sonrisa triste.

"No. Estoy bien, mamá". Riley la tranquilizó.

"Está bien expresar el dolor, cariño". Dijo su madre con una mirada de complicidad. "De hecho, llorar podría incluso hacer que duela menos"

"Los niños no lloran, **mamá**". Dijo Riley con determinación.

Su madre enarcó las cejas, sorprendida. "¡Disparates!" dijo. "¿Quién te dijo eso?"

Riley se encogió de hombros y la miró como si fuera demasiado **obvio** para hablar de ello.

Su madre suspiró y se tomó un momento antes de volver a hablar. "Papá es un niño, ¿verdad?"

"Papá es un hombre". Declaró Riley con **convicción**.

Su madre sonrió con indulgencia. "Cierto. Papá es un hombre", ella lo miró con una ceja levantada. "Pero él llora, ¿verdad?"

Riley sonrió. "**Todo el tiempo**" respondió.

"Como esa vez, que pisó un erizo de mar, ¿recuerdas?"

Riley se rió y asintió con la cabeza. "Para ser justos, eso se veía muy doloroso. Él gritaba cada vez que le quitabas una de las púas con tus **pinzas**"

Su madre arrugó la nariz ante el recuerdo antes de sacudir la cabeza. "Y cuando Lisa murió..." Añadió.

Riley asintió tristemente con la cabeza. Lisa era su perro y toda la familia estaba muy triste cuando murió.

"Y hubo una vez", dijo su madre con una sonrisa divertida. "Cuando nació tu **hermanita**"

El niño pequeño puso los ojos en blanco con una sonrisa. "¡No sé qué fue triste al respecto!"

Su madre se rió y le dijo que probablemente eran lágrimas de felicidad. "El punto es que tu padre siempre expresa sus sentimientos y no tiene problemas para llorar cuando lo necesita. Ahora, ¿eso lo hace débil?" Ella preguntó.

"No. ¡Papá es uno de los hombres más fuertes que conozco!" respondió Riley con entusiasmo.

"¿Y eso lo hace **menos hombre**?"

Sacudió la cabeza, indicando que no creía que fuera así.

"Entonces, ¿qué te hace pensar que los niños no pueden llorar cuando tienen dolor?" preguntó con un tono suave y amable.

Él la miró con una **débil** sonrisa y se encogió de hombros. "Solo quiero ser valiente, mamá"

"Y eso es bueno, cariño. Pero la valentía no significa contener las lágrimas, la verdadera valentía radica en expresarse sin temer lo que los demás piensen de nosotros. Sé que eres valiente y tu **papá**, tu hermana, y todos tus amigos también lo saben. Incluso si lloras cuando estas herido".

Riley asintió con la cabeza. Nadie le había dicho nunca que no podía llorar y muchos de sus amigos lloraban cuando se lastimaban mientras jugaban.

Su rostro de repente se relajó en una expresión de dolor y miró a su madre. "A decir verdad, realmente duele mamá".

"Oh, cariño. ¡Ven aquí!" Su madre lo tomó en sus brazos y, después de unos momentos, Riley sintió que su **rodilla** y su pie ya no le dolían tanto.

Vocabulary

Colores del verano: *colors of summer*

Desagradable caída: *nasty fall*

Tiempo fuera: *time out*

Dientes: *teeth*

Sangrando: *bleeding*

Valiente: *brave*

Rasguño: *scratch*

¿te duele mucho? : *does it hurt a lot?*

Rápida recuperación: *quick recovery*

Pierna ilesa: *uninjured leg*

Expresión: *expression*

Pequeña caída: *little fall*

Herida: *wound*

Zapatos: *shoes*

Tanto dolor: *so much pain*

Mamá: *mom*

Obvio: *obvious*

Convicción: *conviction*

Todo el tiempo: *all the time*

Pinzas: *tweezers*

Hermanita: *little sister*

Menos hombre: *less of a man*

Débil: *weak*

Papá: *dad*

Rodilla: *knee*

Resumen de la historia

Un grupo de niños estaban jugando fútbol en un día soleado. Uno de ellos tropezó y cayó, haciendo que el resto dejara de jugar para reunirse alrededor de él. Aunque Riley, el chico que se cayó, dijo que estaba bien, le sangraba la rodilla y sus amigos sabían que le dolía e insistieron en que regresara a casa. Uno de los amigos de Riley lo ayudó a llegar a su casa y cuando su madre abrió la puerta, ella se preocupó y lo ayudó a entrar. Después de limpiar su herida, descubrieron que también se había torcido el pie y, cuando se aseguraron de que no era nada grave, su madre le dijo que estaba bien llorar, a lo que respondió que los niños no lloran. Su madre comenzó a recordarle todas las veces que su padre había llorado y le dijo que llorar no significaba que no fuera valiente.

SUMMARY OF THE STORY

A group of children were outside playing soccer on a sunny day. One of them tripped and fell, making the rest stop playing to gather around him. Even though Riley, the boy who fell, said that he was alright, his knee was bleeding and his friends knew that he was in pain and insisted he head back home. One of Riley's friends helped him get to his house and when his mother opened the door, she became worried and helped him go inside. After cleaning his wound, they discovered that he had also twisted his foot and when they made sure that it was nothing severe, his mother told him that it was alright to cry to which he answered that boys don't cry. His mother then started reminding him of all the times that his father cried and told him that crying didn't mean that he wasn't brave.

Preguntas Sobre La Historia

1) **¿Qué estaban jugando los niños al principio de la historia?**
   A. Baloncesto
   B. Beisbol
   C. Fútbol americano
   D. Futbol

2) **¿Qué detuvo el juego?**
   A. Una anciana se quejó de que eran demasiado ruidosos.
   B. Un carro pasó por encima del balón.
   C. Uno de ellos se cayó.
   D. Fueron llamados a almorzar por sus padres.

3) **¿Cuál era el nombre del niño que se lastimó?**
   A. Raymond
   B. Randy
   C. Riley
   D. Robby

4) **¿Dónde fue la herida?**
   A. En su pierna
   B. En su brazo
   C. En su cabeza
   D. En ninguna parte

5) **Según la madre de Riley, ¿Qué produce el llanto?**
   A. Te deshidrata
   B. Ayuda a aliviar el dolor
   C. Da dolor de cabeza
   D. Quema los ojos

QUESTIONS ABOUT THE STORY

1) What were the children playing at the beginning of the story?
    - A. Basketball
    - B. Baseball
    - C. Football
    - D. Soccer

2) What stopped their game?
    - A. An old lady complained that they were too loud
    - B. A car ran over their ball
    - C. One of them took a fall
    - D. They were called in for lunch by their parents

3) What was the name of the boy who was hurt?
    - A. Raymond
    - B. Randy
    - C. Riley
    - D. Robby

4) Where was he injured?
    - A. His leg
    - B. His arm
    - C. His head
    - D. Nowhere

5) According to Riley's mother, what does crying do?
    - A. It makes you dehydrated
    - B. It helps ease the pain
    - C. It gives you a headache
    - D. It burns your eyes

ANSWERS

1) **D**
2) **C**
3) **C**
4) **A**
5) **B**

Chapter 10. Fotos y recuerdos

En un hermoso **día** de primavera, mientras las flores florecían y los árboles agitaban sus hojas verde brillante, una maestra anunció a su clase que había impreso las fotos tomadas en la excursión. "¡Hice copias para todos!" dijo ella con una alegre **sonrisa**.

Los **niños** celebraron y conversaron entre ellos con entusiasmo mientras recibían los sobres con las imágenes en cuestión.

Freya, una de las alumnas de la clase, abrió el sobre y miró con cariño las imágenes que inmortalizaban su viaje antes de colocarlas en su **mochila**, entre dos libros para que no se arrugaran. No podía esperar para mostrárselas a sus padres porque sabía que les guitarían tanto como ella.

Una vez en casa, su padre tomó las fotos que consideró que eran las más alegres y las enmarcó antes de colgarlas con el resto de las fotos familiares en el **pasillo**.

"Tu sonrisa luce tan brillante en esta, **cariño**". Le dijo mientras los dos miraban las fotos recién incluidas. Ella asintió con la cabeza en conformidad. El viaje escolar había sido muy divertido y ni siquiera tuvo que sonreír para las fotos, ya que su sonrisa no había dejado su **rostro** durante todo el día.

Los ojos de Freya se dirigieron a las otras imágenes que estaban colgadas en la pared y se dio cuenta de que todas eran fotos de miembros de su familia sonriendo alegremente o incluso riendo. Cada imagen emitía una **vibra feliz**.

"Me pregunto..." murmuró para sí misma mientras comenzaba a pensar en ello. Ahora que lo pensaba, era así en todas las casas en las que había estado: solo las imágenes con **personas felices** en ellas se mostraban en las paredes, escritorios y manteles. ¿Por qué era eso?

"¿Tal vez es porque la gente se siente afectada por las fotos?", Pensó mientras caminaba por el pasillo. Tendría sentido porque cuanto más miraba las fotos, más feliz se sentía. Miró una foto de su primera vez pescando cuando había acompañado a su padre al lago y sonrió con orgullo. "Ese fue un muy buen día..." Admitió. Luego, ella miró una foto tomada cuando toda la **familia** se había ido en un viaje por carretera y todos reían. Había sido muy divertido a pesar de que su hermano mayor se quejaba de la falta de internet. La siguiente foto que vio fue tomada en su **fiesta de cumpleaños**. La familia celebró la ocasión en un restaurante y todos sus amigos fueron invitados. Era tan elegante y la comida estuvo deliciosa y disfrutó cada momento. Recordó que se habían burlado de ella poniendo algo de glaseado de la torta en su **nariz** y se rió de recordarlo. No es de extrañar que estas imágenes estuvieran allí, todas reflejaban recuerdos felices y hacían sentir alegría a quien las mirara.

Queriendo explorar más a fondo su teoría, le pidió a su padre que le diera el **álbum familiar** para poder ver otras fotos, las que no ganaron un honorable lugar en la pared.

Cuando comenzó a verlas, algunas la hicieron reír a carcajadas y otras la hicieron sentir vergüenza, mientras que otras incluso la hicieron sentir nostálgica y **un poco triste**.

La foto de ella a los cuatro años con un disfraz de hada sosteniendo una varita mágica la hizo reír. Le encantaba usar **atuendos tontos** como ese cuando era más pequeña y siempre comenzaba a actuar como el personaje del que estaba vestida. Todos los miembros de la familia le decían que ella iba por la casa dándoles golpecitos en la cabeza con la **varita** y diciéndoles que ella había hecho sus deseos realidad. A pesar de que apenas recordaba ese día, todavía encontraba esa historia muy divertida.

Otra foto que no era tan graciosa llamó su atención. Era una foto de ella con la cara hinchada y una erupción muy grave. Había comido nueces por primera vez y descubrió que era alérgica. "**Me veo tan rara**..." Se susurró a sí misma mientras miraba su cara roja y sus ojos llorosos. "¡Estoy tan contenta de que esta imagen no esté en el muro de la fama!" Ella suspiró, sacudiendo la cabeza. Si no tuviera miedo de enojar a sus padres, tiraría esa foto al **bote de basura**. Podía imaginarse a sí misma haciendo una mueca cada vez que pasara por el corredor si la imagen estuviera en él. Esta fue una foto que no la hizo sentir feliz en absoluto.

Otra foto la hizo detenerse y era la imagen de una de sus antiguas casas. Antes de que se mudaran a su casa actual, su familia vivía en una casa muy agradable con un gran jardín y una **casa en el árbol**. Le encantaba vivir allí y jugar en la casa del árbol con su viejo amigo y extrañaba mucho ese lugar. Fue una pena que tuvieran que dejarlo debido al trabajo de su padre. A pesar de que amaba ese lugar, Freya se alegró de no recordárselo todos los días. No le gustaba el sentimiento de nostalgia que la abrumaba al recordar esos días.

La última foto que vio antes de cerrar el álbum era una foto de su **abuelo** fallecido. Freya adoraba al hombre y estaba muy triste porque nunca lo volvería a ver. Su madre le había dicho que siempre lo recordarían y lo amarían y que realmente no podía irse mientras pensaran en él, pero la niña no podía evitar sentirse **triste** cuando miraba la foto. Al igual que la imagen de su antiguo hogar, pensó que probablemente era mejor que no tuviera que ver esta imagen a menudo por el dolor que sentía cuando la miraba, a pesar de lo mucho que lo amaba.

"Ahora entiendo por qué solo las fotos felices están en **la pared**", se dijo a sí misma antes de bajar las escaleras para entregarle el álbum a su padre. "Las fotos no solo nos recuerdan cosas del **pasado**, nos recuerdan los sentimientos que tuvimos cuando las tomamos"

Vocabulary

Día: *day*

Sonrisa: *smile*

Niños: *children*

Mochila: *school bag*

Pasillo: *corridor*

Cariño: *sweetie*

Rostro: *face*

Vibra feliz: *happy vibe*

Personas felices: *happy people*

Familia: *family*

Fiesta de cumpleaños: *birthday party*

Nariz: *nose*

Álbum familiar: *family album*

Un poco triste: *a little bit sad*

Pequeñas cantidades: *small amounts*

Atuendos tontos: *silly outfits*

Varita: *wand*

Me veo tan rara: *I look so weird*

Bote de basura: *garbage can*

Casa en el árbol: *tree house*

Abuelo: *grandfather*

Triste: *sad*

La pared: *the wall*

Pasado: *past*

Resumen de la historia

Una maestra le dijo a su clase que había impreso las fotos del viaje escolar antes de darle a cada uno un sobre con las fotos. Los niños estaban muy contentos con esto y una de ellas, Freya, estaba muy emocionada de mostrarle a su familia las imágenes. Una vez que llegó a casa, su padre colgó las fotos en la pared del pasillo y cuando Freya las miró, comenzó a pensar en el efecto de las imágenes en las personas. Solo se exhibían imágenes felices y, al mirar las fotos que estaban almacenadas en el álbum y no en los marcos, confirmó sus teorías. Algunas imágenes inspiraron sentimientos tristes o simplemente eran demasiado embarazosas y no pertenecían a las paredes.

Summary of the Story

A teacher told her class that she had printed the pictures from their school trip before giving them each an envelope containing the photos. The children were very pleased by this and one of them, Freya, was very excited to show them to her family. Once she got home, her father hung the pictures on the corridor's wall and as Freya looked at them, she started thinking of the effect of pictures on people. Only happy pictures were put on display and as she looked through the photos that were stored in the album instead of frames, she confirmed her theories. Some pictures inspired sad feelings or were just too embarrassing and didn't belong on walls.

Preguntas Sobre La Historia

1) ¿Qué le dio la maestra a los alumnos en el comienzo de la historia?
    - A. Fotos
    - B. Caramelo
    - C. Crayones
    - D. Llaveros

2) ¿Cuál es el nombre del personaje principal?
    - A. Frida
    - B. Freya
    - C. Flora
    - D. Fanny

3) ¿Dónde colocó las fotos cuando aún estaba en clase?
    - A. En el cajón de su escritorio.
    - B. En su carpeta
    - C. En su mochila
    - D. En su álbum

4) ¿Dónde puso su padre las fotos una vez que llegó a casa?
    - A. En el muro del pasillo
    - B. En la galería
    - C. En su escritorio
    - D. En el álbum familiar

5) ¿Por qué la foto en la que Freya tuvo una reacción alérgica no fue colgada en la pared?
    - A. Porque era triste
    - B. Porque era nostálgica
    - C. Porque era aburrida
    - D. Porque era vergonzosa

QUESTIONS ABOUT THE STORY

1) What did the teacher give to the pupils are the beginning of the story?
   A. Photos
   B. Candy
   C. Crayons
   D. Key chains

2) What is the name of the main character?
   A. Frida
   B. Freya
   C. Flora
   D. Fanny

3) Where did she put the pictures while she was still in class?
   A. In her desk drawer
   B. In her folder
   C. In her backpack
   D. In her album

4) Where did her father put the photos once she was home?
   A. In the corridor wall
   B. In the gallery
   C. On his desk
   D. In the family album

5) Why was the photo in which Freya had an allergic reaction not displayed on a wall?
   A. Because it was sad
   B. Because it was nostalgic
   C. Because it was boring
   D. Because it was embarrassing

ANSWERS

1) A
2) B
3) C
4) A
5) D

Chapter 11. ¿Quién se llevó el cordero?

Dos caballeros estaban de pie en el campo de batalla, rodeados de nada más que el severo resplandor del sol. Ambos estaban parados en posición de batalla y estaban dando vueltas entre sí. No le tomó mucho **tiempo** a uno de ellos atacar con un fuerte grito. Se lanzó contra su oponente quien bloqueó su espada con la suya.

Clank! Solo los sonidos del hierro al golpearse entre sí podían escucharse cuando los dos se enfrentaron con sus armas. Pusieron mucho esfuerzo en coordinar sus movimientos, **blandiendo sus armas** para atacar y cambiando sus cuerpos para esquivar los impactos del otro. Fue solo cuando uno de ellos ejecutó un movimiento lo suficientemente bien como para tirar la espada del otro de su mano que la batalla terminó. El vencedor se quedó con su espada apuntando a su **enemigo** que había levantado sus manos en señal de rendición y luego bajó su arma.

Los dos caballeros se quitaron los cascos y **se dieron la mano** con una sonrisa. "Ese fue un buen esfuerzo", dijo el ganador. "Pero todavía tienes que practicar".

El perdedor le sacó la lengua y le dijo que ya eso lo sabía.

"¡Hermano!" Un niño pequeño **de repente corrió** hacia el caballero victorioso. "¡Has ganado otra vez! ¡Eres el mejor!"

Su hermano mayor le **revolvió el cabello** antes de levantarlo y ponerlo sobre sus hombros. "Sí Edward, y tú serás igual que yo cuando seas mayor, ¡si no es que mejor!"

Los dos entraron en **el castillo** para ver si podían comer algo antes del almuerzo y en su camino a la cocina, escucharon los gritos de la cocinera.

"¿Quién fue? ¿Cuál de ustedes se atrevió a **robar** el cordero?" Gritó a tres lacayos y dos **criadas**. Ninguno de ellos respondió y todos se miraron con caras preocupadas.

El caballero y su hermano menor entraron a la cocina y cuando la cocinera los vio, su rostro se iluminó. "¡Ah! ¡Sir Maximiliano! Estoy feliz de verle. ¿Podría, por favor, ordenar a estos **malhechores** que admitan cuál de ellos robó mi pierna de cordero? ¡Se suponía que debía estar en la mesa del rey para la cena! "Dijo con una mirada de reproche a las criadas y los lacayos que estaban allí.

"¿Tú ... perdiste una pierna de cordero?" Preguntó Maximiliano con una **ceja** levantada.

"¡Por supuesto que no! ¿Quién podría perder un **artículo** tan grande? No lo perdí. ¡Fue robado, claramente! "La cocinera respondió, poniendo los ojos en blanco.

Maximiliano asintió entendiendo y se disculpó por haberla **malinterpretado**. "¿Dónde fue la última vez que lo vio?", Preguntó.

"Estaba debajo de la mesa, marinándose en una olla grande con hierbas y especias. Lo cubrí con esta tela" Ella le mostró un gran trozo de tela. "¡Y cuando volví, ya no estaba! La olla estaba vacía y solo la tela quedó sobre la mesa" dijo con un suspiro de tristeza. "Puse otra pierna en la olla para la cena de esta noche para que su majestad no sufra por esto, ¡pero el **culpable** debe ser atrapado!"

"**En efecto**", dijo el joven, asintiendo con la cabeza.

"Si me permite, señor Maximiliano...?" Habló una de las criadas.

"Continúa por favor."

"Entré en la cocina hace aproximadamente una hora. Vi la olla vacía y me pareció peculiar, pero **no la toqué**. La tela estaba en el suelo, así que la levanté, la doblé, la puse en la mesa y limpié el suelo antes de salir al jardín. Solo volví ahora para encontrar a la cocinera gritando acerca de la pierna de cordero que faltaba. Quien lo haya tomado debe haberlo hecho antes de que yo entrara a la cocina", dijo la joven doncella.

Maximiliano asintió con la cabeza en comprensión antes de volverse hacia los demás. "¿**Alguno de ustedes** entró a la cocina antes de eso?"

La otra criada y los tres lacayos dijeron que no lo hicieron, y le pareció **extraño** que solo los presentes en la habitación trabajaran en la cocina.

El hermano menor de Maximiliano dijo "¿Estaba sucio el piso cuando marinaste la pierna de cordero esta mañana?", Le preguntó el niño a la cocinera **con curiosidad**.

"No. La cocina siempre se limpia por la noche y cuando entré a preparar el cordero, no había una **partícula de polvo** en el piso" respondió la cocinera.

Edward le preguntó a la criada que había hablado antes por qué había limpiado el piso.

"Porque había un **rastro grasiento** que conducía a la puerta trasera. También había un poco de suciedad en ese camino" dijo.

El niño pequeño miró a su hermano y dijo que eso debe significar que quien haya tomado el cordero debe haberlo arrastrado hacia afuera, ya que eso explicaría el rastro grasiento y lo que la criada pensó que era tierra, debe haber sido **especias y hierbas**.

"Sí, eso tiene sentido. ¿Viste a alguno de los niños sacar algo? ", Preguntó su hermano mayor. Solo un niño tendría que arrastrar la pierna de cordero ya que un adulto sería lo **suficientemente fuerte** como para levantarla.

"No, pero podría saber quién es nuestro ladrón". El joven tomó la mano de su hermano y lo arrastró fuera de la **cocina**, al jardín hasta que llegaron a la casita del perro real.

Cuando Maximiliano se arrodilló en el suelo y miró hacia adentro, encontró al perro durmiendo acurrucado alrededor de la pierna de cordero que ya estaba medio comida. La cocinera, las criadas y los lacayos los siguieron y el joven caballero se volvió hacia ellos con una sonrisa. "Creo que esto responde a nuestro **enigma**". Luego se volvió hacia la cocinera y puso un brazo alrededor de los hombros de Edward. "Creo que se ganó un premio por resolver el misterio, ¿verdad?"

La cocinera chasqueó su lengua por la pierna de cordero desperdiciada y asintió a los niños. "Vengan a la cocina, tengo algunas **tartas de fresa** de esta mañana que todavía están frescas".

Vocabulary

Tiempo: *time*

Blandiendo sus armas: *brandishing their weapons*

Enemigo: *enemy*

Se dieron la mano: *shook hands*

El perdedor: *the loser*

De repente corrió: *suddenly ran*

Revolvió el cabello: *ruffled his hair*

El castillo: *the castle*

Robar: *steal*

Criadas: *maids*

Malhechores: *miscreants*

Ceja: *eyebrow*

Artículo: *item*

Malinterpretado: *misunderstood*

Culpable: *culprit*

En efecto: *indeed*

No la toqué: *I didn't touch it*

Alguno de ustedes: *any of you*

Extraño: *odd*

Con curiosidad: *curiously*

Partícula de polvo: *speck of dust*

Rastro grasiento: *greasy trail*

Especias y hierbas: *spices and herbs*

Suficientemente fuerte: *strong enough*

Cocina: *kitchen*

Enigma: *riddle*

Tartas de fresa: *strawberry pies*

Resumen de la historia

Maximiliano es un joven caballero que estaba teniendo un duelo de práctica con uno de sus amigos antes de que su hermano menor Edward corriera hacia él después de haber ganado la pelea. Los dos se dirigieron a la cocina para ver si podían conseguir que la cocinera les sirviera un bocadillo antes de la hora del almuerzo, pero se sorprendieron al encontrar a la cocinera gritándole a algunos empleados y después de que ella le explicara a Maximiliano que alguien había robado una pierna de cordero que había reservado para la cena. Maximiliano y su hermano pequeño comenzaron a investigar lo sucedido y, finalmente, Edward resolvió el misterio: era el perro del Príncipe quien se había llevado el cordero.

Summary of the Story

Maximilian is a young knight that was having a practice duel with one of his friends before his younger brother Edward ran to him after he won the fight. The two of them headed to the kitchen to see if they could get the cook to give them a snack before lunchtime but they were surprised to find the cook yelling at a few maids and footmen and after she explain to Maximilian that someone had stolen a leg of lamb that she had set aside for dinner. Maximilian and his little brother started investigating what happened and eventually, Edward solved the mystery: It was the Prince's dog who had taken the lamb.

Preguntas Sobre La Historia

1) ¿Cuál es el nombre del caballero que ganó la lucha de espadas?
    A. Maxwell
    B. Marcus
    C. Maximiliano
    D. Lancelot

2) ¿Cómo se relaciona Edward con ese caballero?
    A. Su primo
    B. Su hermano
    C. Su padre
    D. Su tío

3) ¿A dónde fueron el caballero y Edward después de la lucha de espadas?
    A. A la cocina
    B. Al granero
    C. Al salón de baile
    D. Al jardín

4) ¿Qué artículo dijo el cocinero que había sido robado?
    A. El muslo de un pollo
    B. El hueso de un pescado.
    C. La pierna de un cordero
    D. La cola de un pato

5) ¿Quién era el culpable?
    A. Un gato
    B. Un zorro
    C. Un perro
    D. Un mono

QUESTIONS ABOUT THE STORY

1) **What is the name of the knight who won the sword fight?**
    A. Maxwell
    B. Marcus
    C. Maximilian
    D. Lancelot

2) **How is Edward related to that knight?**
    A. His cousin
    B. His brother
    C. His father
    D. His uncle

3) **Where did the knight and Edward go after the sword fight?**
    A. The kitchen
    B. The barn
    C. The ballroom
    D. The garden

4) **What item did the cook say had been stolen?**
    A. A chicken's thigh
    B. A fish's bone
    C. A lamb's leg
    D. A duck's tail

5) **Who was the culprit?**
    A. A cat
    B. A fox
    C. A dog
    D. A monkey

ANSWERS

1) C
2) B
3) A
4) C
5) C

Chapter 12. ¡Adivina correctamente!

Hoy fue el día de ¡adivina el refrán! en la escuela primaria de Emma, cada año se dedicaba un día a que los niños jugaran un juego de adivinanzas en el que todos preparaban **un disfraz**, un dibujo, un poema o cualquier cosa que quisieran indicar y dieran pistas sobre un determinado refrán y dejaban que sus compañeros adivinaran y darle el significado correcto que estaba detrás del refrán. Los maestros pensaron que era una excelente manera de enseñarles a los niños las expresiones idiomáticas populares y su significado, y a los alumnos les encantó el **divertido juego**, especialmente porque podían elegir el refrán a utilizar con la ayuda de sus padres. Cuanto más tonto el refrán mejor, y hacían todo lo posible cada año para que el juego fuera lo más entretenido posible.

Emma se sentó en su lugar y los niños se callaron y prestaron atención al primer refrán. Dos amigos se habían disfrazado de pájaros y estaban cerca uno del otro. Cuando el maestro dijo que podían **comenzar**, sus compañeros comenzaron a adivinar el refrán que representaban.

"¿Matar dos pájaros de un tiro?" dijo uno de los muchachos, haciéndoles **fruncir el ceño** y sacudir la cabeza.

¡El pájaro que madruga consigue el gusano! Gritó otro niño. **Sin embargo**, su respuesta no era la correcta.

"¿Me lo contó un **pajarito**?" dijo Emma vacilante. Este era el único refrán de aves que ella conocía, además de los que se habían mencionado.

"No, lo siento" dijo uno de los dos chicos. "Aquí hay una pista" Luego dijo mientras sostenía una de las **plumas** de su disfraz.

"¡Los pájaros con las mismas plumas vuelan juntos!" Gritó un niño.

"¡Sí! Es correcto". Los dos niños dijeron **al unísono** antes de que uno de ellos explicara que se usaba ese refrán para indicar similitudes o intereses parecidos en las personas.

Luego, una chica decidió simular un **juego de charadas** para que los demás adivinaran su refrán gradualmente.

Ella levantó un dedo.

"¡Primera palabra!" dijo Emma, y la niña asintió antes de comenzar a **imitar el significado** de la primera palabra. Se frotó los ojos e hizo una expresión de tristeza.

"¿Despertar?" intentó el niño sentado al lado de Emma.

Ella sacudió su dedo, indicando que la respuesta estaba equivocada antes de **limpiarse la mejilla** con una mano y sollozar.

"¡Llorando!" dijo otro niño y cuando **ella ladeó** la cabeza para hacerle saber que estaba cerca, otro dijo "Llorar" que era la respuesta correcta.

Luego puso un pie por encima algo invisible seguido del otro.

"¿**Cruzar**? ¿Esquivar? ¿Pasar?" Ella siguió sacudiendo la cabeza hasta que la palabra "sobre" fue dicha.

Luego, la niña levantó tres dedos para indicar que estaba a punto de hacer la pantomima de la tercera palabra. Ella curvó su mano para hacer que pareciera que **estaba sosteniendo** un vaso y la inclinó hacia un lado.

"¿Micrófono?" Esa respuesta era incorrecta, por lo que ella negó con la cabeza.

"¿Vaso?" Ella asintió y luego hizo un **gesto de pregunta** para que adivinaran qué había en el vaso.

"¿Agua?"

"Jugo"

"¡**Leche**!"

La niña apuntó con el dedo al niño que había adivinado la palabra leche, saltando arriba y abajo para que los niños supieran que su respuesta era la correcta. Luego, repitió el gesto de **inclinación** que hizo con la mano y jadeó sorprendida mientras miraba el suelo.

"¿Leche **derramada**? ¡Llorar sobre la leche derramada!" gritó Emma. Su madre siempre había usado ese refrán, no podía creer que no lo hubiera pensado antes.

"¡Sí! ¡Correcto! Llorar sobre la leche derramada significa arrepentirse de algo después de que sucede sin poder hacer nada al respecto" Ella explicó con una sonrisa y volvió a su lugar. Emma pensó que era su favorito y no porque lo había adivinado correctamente, sino por lo duro que **trabajó** la niña para que lo adivinaran de una manera divertida.

El siguiente alumno que subió dibujó un **triángulo** con una fresa encima.

"¡Oh, este es demasiado fácil!"

"¡Supongo que podría decirse que eso fue tan fácil como comer un pastel!" Los dos muchachos que subieron vestidos como pájaros habían adivinado y se sonrieron con **orgullo** y una palmada. Ese refrán ni siquiera necesitaba una explicación después de lo que dijeron y Emma pensó que esa era realmente fácil, pan comido.

Finalmente, fue su turno. Respiró hondo antes de subir y simplemente se puso una diadema con orejas de gato y sonrió. Su disfraz no era **nada lujoso**, pero pensó que el refrán era un poco difícil de adivinar y estaba emocionada.

"¿Te comió la **lengua** el gato?" dijo un niño que usualmente se sentaba detrás de ella, pero ella negó con la cabeza.

"¿El gato que se comió el canario?" Una de las chicas dijo, inclinando su cabeza.

"No" dijo Ella, manteniendo su sonrisa en su lugar. Ella no quería dar más pistas o de lo contrario **sería** demasiado fácil.

"Espera a que salte el gato"

"Incorrecto." dijo ella, todavía sonriendo. Ni siquiera sabía qué significaba eso.

"¡Oh! ¡Sonreír como gato de Cheshire!" Uno de los chicos finalmente adivinó y ella asintió. "Sonreír como gato de Cheshire significa **sonreír ampliamente**, ¡mostrando tus dientes!" Señaló su sonrisa mientras explicaba antes de tomar asiento. Eso había sido divertido. Estaba un poco nerviosa al principio pero todo salió bien.

El siguiente fue un niño que eligió usar un juego de palabras para hacer que los demás adivinen. "Mi vecino se sometió a una cirugía de **trasplante de corazón**, supongo que podría decirse que él tenía...?" Esperó a que completaran la oración.

"¿Un gran corazón?"

"No. ¡Inténtalo de nuevo!"

"¿Un corazón que sangra?" dijo Emma, arrugando la nariz. Aunque sabía que el refrán significaba que alguien era **generoso**, todavía pensaba que era extraño.

El niño se rió entre dientes "Buen intento pero no".

"¿Tenía ... su corazón en el **lugar correcto**?" Un chico adivinó con una sonrisa.

"¡Oh! ¡Buena! Pero no".

"¡Un cambio de corazón!" Lily, la mejor amiga de Emma, adivinó.

"¡Sí!" El chico la aplaudió con una sonrisa. "¡Tener un cambio de corazón significa cambiar tu mente!" **Guiñó un ojo** a sus compañeros de clase antes de tomar asiento.

Los niños siguieron yendo, hasta que llegó el momento de irse a casa y, para entonces, su maestra les agradeció y les dijo que estaba orgullosa de ellos y les hizo saber que al día siguiente se votaría por el refrán más divertido. Emma no creía que el suyo ganaría, ¡pero **eso no importaba**, ya que de todos modos se había divertido mucho!

Vocabulary

Un disfraz: *a costume*

Divertido juego: *funny game*

Comenzar: *start*

Fruncir el ceño: *frown*

Sin embargo: *however*

Pajarito: *little bird*

Plumas: *feathers*

Al unísono: *in unison*

Juego de charadas: *charade game*

Imitar el significado: *mime the meaning*

Limpiarse la mejilla: *wiped her cheek*

Ella ladeó: *she tilted*

Cruzar: *to cross*

Estaba sosteniendo: *was holding*

Gesto de pregunta: *questioning gesture*

Leche: *milk*

Inclinación: *tilting*

Derramada: *spilled*

Trabajó: *worked*

Triángulo: *triangle*

Orgullo: *proudly*

Nada lujoso: *nothing fancy*

Lengua: *tongue*

Sería: *would be*

Sonreír ampliamente: *smile broadly*

Trasplante de corazón: *heart transplant surgery*

Generoso: *generous*

Lugar correcto: *right place*

Guiñó un ojo: *he winked*

Eso no importaba: *that didn't matter*

Resumen de la historia

Era el día de adivinar el refrán en la escuela de Emma y todos los niños estaban muy emocionados. Cada año, la escuela organizaba un evento en el que los niños preparaban un disfraz, un dibujo o un poema que describía un modismo y hacían que sus compañeros adivinaran a qué refrán se referían antes de explicar el significado. El profesor pensó que era una gran manera para que aprendieran de forma divertida. Emma y sus compañeros de clase eligieron diferentes expresiones idiomáticas como "Llorar sobre la leche derramada", "Pájaros con las mismas plumas vuelan juntos" y "Sonreír como gato de Cheshire".

SUMMARY OF THE STORY

It was guess the idiom day at Emma's school and all the children were very excited. Every year, their school organized and event in which the children would prepare a costume or a drawing or a poem that would describe an idiom and have their classmates guess which idiom they meant before explaining the meaning of it. The teacher thought it was a great way for them to learn and have a good time. Emma and her classmates chose different idioms like "Crying over spilled milk", "birds of a feather" and "To grin like the Cheshire cat".

Preguntas Sobre La Historia

1) ¿Quién es el personaje principal?
    A. Emma
    B. Emily
    C. Enid
    D. Elise

2) ¿Qué día especial era en la escuela?
    A. El día de hornear pasteles
    B. El día de escribir un poema.
    C. El día de dibujar un paisaje.
    D. El día de adivinar el refrán.

3) ¿Acerca de qué fue el primer refrán?
    A. Cachorros
    B. Lagartos
    C. Gatitos
    D. Pájaros

4) ¿Qué refrán le gustó más a Emma?
    A. Llorar sobre la leche derramada
    B. Tener un cambio de corazón
    C. Pájaros con las mismas plumas vuelan juntos
    D. Tan fácil como comer pastel

5) ¿Qué refrán presentó Emma?
    A. Sonreír como gato de Cheshire
    B. Te comió la lengua el gato
    C. El gato ya no está encerrado
    D. El gato que se comió el canario

QUESTIONS ABOUT THE STORY

1) **Who is the main character?**
    A. Emma
    B. Emily
    C. Enid
    D. Elise

2) **What special day was it at her school?**
    A. Bake a cake's day
    B. Write a poem's day
    C. Draw a landscape's day
    D. Guess the idiom's day

3) **What was the first idiom about?**
    A. Puppies
    B. Lizards
    C. Kittens
    D. Birds

4) **What idiom did Emma like the most?**
    A. Crying over spilled milk
    B. Having a change of heart
    C. Birds of a feather
    D. Piece of cake

5) **What idiom did Emma present?**
    A. Grinning like a Cheshire cat
    B. Cat got your tongue
    C. Cat is out of the bag
    D. Cat who ate the canary

ANSWERS

1) A
2) D
3) D
4) A
5) A

Chapter 13. El mercado de los niños

Toby estaba muy emocionado de acompañar a su padre. Los dos se dirigían al mercado para comprar verduras y luego a la tienda para comprar **abarrotes**. A pesar de que las tareas no eran nada emocionantes, el niño estaba feliz. Era la primera vez que salía para ese **tipo de compras**, normalmente salía con sus padres a comprar ropa o juguetes, pero nunca para comprar la comida. Se preguntó si su padre le permitiría comprar muchas golosinas...

Una vez que llegaron al mercado, el niño prácticamente saltó del auto antes de que su padre pudiera siquiera levantarse de su asiento. Toby corrió hacia adelante y recordando a su padre, **se detuvo abruptamente**. Se dio la vuelta y observó a su papá cerrar el auto antes de volverse para mirarlo.

"No corras, campeón. ¡Podrías caerte y lastimarte!" Su padre caminó hacia él y lo tomó de la mano. "Y luego los dos saldríamos **regañados**". Le guiñó un ojo a su hijo con una sonrisa.

Toby rió alegremente. La posibilidad de compartir un regaño con su padre en realidad lo hizo feliz y pensó que eso lo haría sentir más cerca de su padre. Como compañeros que **desobedecieron órdenes** y fueron reprendidos por su superior. Pero, su madre era más bonita que cualquier supervisor del ejército, ¡por supuesto!

El niño pequeño se emocionó al ver todos los puestos llenos de coloridas frutas y verduras: tomates rojos brillantes, cerezas y pimientos. Manzanas verdes, brócoli, espárragos. Naranjas, **calabazas**, berenjenas, arándanos, papas, melones. Había todos los vegetales que conocía e incluso algunos que no. Algunas partes del mercado incluso se dedicaban a pescado, especias, frijoles y hierbas. Él y su padre se abrieron paso por ese lugar, comprando lo que estaba en su **lista de compras** antes de volver al auto y poner sus bolsas de verduras en el maletero. La tienda era mucho menos emocionante. Los productos estaban exhibidos simplemente en estantes y en diferentes pasillos. No había puestos donde los vendedores charlaran y se rieran con los compradores, pero algunos empleados ofrecían **muestras gratis** de salsas, pop-tarts y demás. Sin embargo, Toby estaba feliz de ir allí, porque su padre le permitió elegir los cereales e incluso le compró una barra de chocolate como un regalo por su buen comportamiento. Cuando volvieron a casa, pasaron por una **venta de garaje** que tenía su vecino y nuevamente, a Toby le intrigaron las personas que se reunían alrededor de las mesas en las que se exhibían diferentes artículos. Cuando su padre explicó que una venta de garaje era una manera de ganar algo de dinero y deshacerse de los objetos que ya no eran necesarios, se le ocurrió una idea al niño.

En la tarde, cuando Toby se reunió afuera con sus amigos, les contó su **idea**. "Deberíamos tener un mercado. Podemos vender golosinas que nuestras madres hagan u objetos que no necesitamos"

"¿Qué tipo de objetos?" Preguntó uno de sus amigos.

"Juguetes. Libros para colorear. Cualquier cosa que ya no necesites" explicó.

"¿Quién los compraría? No creo que los adultos quieran juguetes y los niños no tienen **mucho dinero**. Algunos ni siquiera tienen mesadas". Señaló otro de sus amigos.

"Solo podemos hacer negocios si a uno de ustedes le gusta algo que el otro está vendiendo y si tiene algo que a otros les gusta, pueden negociar con ellos". Dijo Toby, habiendo pensado de antemano en la falta de dinero. "Y los adultos podrían no comprar juguetes, pero comprarían galletas y jugo. Mi hermano mayor tuvo un puesto de limonadas **el verano pasado** y ganó suficiente dinero para comprar un teléfono nuevo"

"Creo que es una buena idea. Siempre quise tener una **librería** cuando creciera, puedo comenzar a practicar desde ahora". Dijo uno de los niños.

Los otros niños charlaban con emoción y todos estaban entusiasmados con su pequeño proyecto.

"Sin embargo, tenemos que pedir permiso a los adultos". Dijo Toby. "Y no solo a nuestros padres, tenemos que ver si a los **vecinos** no les importa".

"¿Qué haremos con el dinero?" le preguntaron.

Toby no había pensado en eso. Era cierto que no necesitaban nada, ya que sus padres se encargaban de **comprarles** lo que necesitaban y él pensó que sus padres no estarían de acuerdo con que lo usaran para comprar dulces o juegos. Sabía cómo los adultos siempre les advertían que no malgastaran dinero.

"Podríamos donarlo a niños enfermos en hospitales". Uno de los chicos dijo **encogiéndose de hombros**. "¿No es eso lo que hacen los scouts cuando venden sus galletas? Lo donan o lo usan para programas escolares, ¿verdad?"

Todos los niños aceptaron y todos pensaron que ayudaría a convencer a sus padres y al resto del vecindario.

Los niños aceptaron y todos preguntaron a sus padres cuándo regresaron a sus casas. Al día siguiente, se separaron y visitaron a sus vecinos para pedirles permiso para tener su pequeño mercado en el vecindario y nadie estaba **en contra** de la idea. Algunos incluso se ofrecieron a hacer productos para que ellos vendieran.

"¡La señora Jordan hace el mejor **pan de plátano**! Ese se agotará de inmediato". Dijo Toby con una gran sonrisa.

Los niños reunieron las pertenencias que ya no necesitaban: libros de cuentos, libros para colorear, juguetes, útiles escolares e incluso ropa. Algunos hicieron que sus padres hicieran dulces para ellos y otros hicieron **jugo de frutas**, mientras que otros simplemente hicieron sándwiches y otros vecinos al igual que la

Sra. Jordan también participaron haciendo comida o dándoles mesas y sombrillas para el mercado.

El mercado no era demasiado grande, solo se colocaron tres mesas en el **patio de recreo del vecindario** y los niños se encargaron de todo.

Toby cambió su auto a control remoto por una linda camiseta y una de las chicas compró su juego de marcadores de colores. Los niños que vendían alimentos ofrecían muestras y los adultos compraban jugos y pasteles para ellos y sus hijos, y todos disfrutaban el momento. Al final del día, cualquier cantidad de dinero que se hubiera ganado se contó y se colocó en un sobre grande con los nombres de todos los niños que realizaron la venta y lo enviaron por correo al **programa de caridad** para niños del hospital.

Vocabulary

Abarrotes: *groceries*

Tipo de compras: *kind of shopping*

Se detuvo abruptamente: *abruptly stopped*

Regañados: *scolded*

Desobedecieron órdenes: *disobeyed orders*

Calabazas: *pumpkins*

Lista de compras: *shopping list*

Muestras gratis: *free samples*

Venta de garaje: *garage sale*

Idea: *idea*

Mucho dinero: *much money*

El verano pasado: *last summer*

Librería: *book store*

Vecinos: *neighbors*

Comprarles: *buying them*

Encogiéndose de hombros: *shrug*

En contra: *against*

Pan de plátano: *banana bread*

Jugo de frutas: *fruit juice*

Patio de recreo del vecindario: *neighborhood's playground*

Orgullo: *proudly*

Programa de caridad: *charity program*

Resumen de la historia

Toby fue con su padre a comprar abarrotes y verduras. Primero fueron al mercado y el niño lo disfrutó mucho luego fueron a la tienda, lo que no fue tan emocionante para Toby. Al regresar, vieron que uno de sus vecinos tenía una venta de garaje y que, además de su visita anterior al mercado, hizo que Toby quisiera tener un pequeño mercado con sus amigos en el vecindario. Todos pidieron permiso a sus padres y vecinos y tuvieron una venta de juguetes usados, ropa, artículos de papelería e incluso productos horneados. Todo el dinero obtenido en la venta fue donado a un hospital infantil.

SUMMARY OF THE STORY

Toby went with his father to shop for grocery and vegetables. They first went to the market which the little boy enjoyed a lot before going to the store, which was not as exciting for Toby. On their way back, they saw that one of their neighbors was having a garage sale and that as well as his earlier visit to the market, made Toby want to have a little market with his friends in their neighborhood. They all asked their parents and neighbors for permission and had a sale for old toys, clothes, stationary and even baked goods. All the money earned from their sale was donated to a children's hospital.

Preguntas Sobre La Historia

1) ¿Cuál es el nombre del personaje principal?
   A. Tommy
   B. Toby
   C. Trudy
   D. Timmy

2) ¿A dónde iba él al principio de la historia?
   A. El mercado
   B. El patio de recreo
   C. El zoológico
   D. El jardín de infancia

3) ¿Quién estaba con él?
   A. Su padre
   B. Su madre
   C. Su hermana
   D. Su hermano

4) ¿Cuál de estos vegetales no fue mencionado en el texto?
   A. Papas
   B. Espárragos
   C. Pimientos
   D. Alcachofa

5) ¿Por cuál torta era famosa la señora Jordan?
   A. Pastel de terciopelo rojo
   B. Tarta de queso
   C. Pan de plátano
   D. Pan brioche

Questions About the Story

1) **What is the name of the main character?**
   A. Tommy
   B. Toby
   C. Trudy
   D. Timmy

2) **Where was he going at the beginning of the story?**
   A. The market
   B. The playground
   C. The zoo
   D. The kindergarten

3) **Who was with him?**
   A. His father
   B. His mother
   C. His sister
   D. His brother

4) **Which of these vegetables was not mentioned in the text?**
   A. Potatoes
   B. Asparagus
   C. Peppers
   D. Artichoke

5) **What cake was Mrs. Jordan famous for?**
   A. Red velvet cake
   B. Cheesecake
   C. Banana bread
   D. Brioche

ANSWERS

1) B
2) A
3) A
4) D
5) C

Chapter 14. Isla tortuga

Carter se quedó mirando con gran fascinación una imagen en su libro de cuentos que siempre le había interesado. Era una **colorida ilustración** de una tortuga que llevaba una isla sobre su caparazón y nadaba en el océano.

La historia era sobre la amistad que la tortuga había formado con los humanos que vivían en la isla la cual había estado llevando durante **generaciones**, pero lo que realmente llamó la atención del niño fue el concepto de una isla en movimiento.

"Me pregunto cómo sería vivir allí..." pensó **para sí mismo**.

Su mente emprendió un viaje donde la capitana era su imaginación y comenzó a imaginarse **cómo sería la vida** si fuera una de las personas que vivían en la Isla tortuga.

Lo primero que cruzó por su mente fue el efecto que podría tener el movimiento de la isla en los habitantes. "Me pregunto si alguien sufre de mareos aquí..." Dijo mientras caminaba por el pueblo. Todo el mundo parecía estar bien y él mismo no sentía náuseas ni vértigo, por lo que llegó a la conclusión de que no, la gente no vivía mareada en la Isla tortuga. **Mientras exploraba**, vio diferentes árboles y plantas. Estuvo confundido por un momento antes de escuchar a una niña que le decía a su padre que no podía esperar hasta que el árbol de plátano diera su fruto.

"Se paciente, cuando la isla esté en la posición correcta, sucederá". Su padre le había contestado con una sonrisa. Carter de repente recordó lo que había aprendido en la escuela y pensó que era tan genial que la isla pudiera tener tanta **diversidad** debido a todos los climas por los que navegaba.

"**Apuesto** a que también hay diferentes tipos de pescados en el mercado durante todo el año". Se dijo a sí mismo en voz alta

"**¡Eso es correcto!**" le dijo una niña con una sonrisa orgullosa. "No solo eso, también podemos traer diferentes tipos de carne y pasta de los países que pasamos"

"¡Eso es genial!" dijo Carter antes de extender su mano para un **apretón**. "Soy Carter". Se presentó.

"Elena. Encantada de conocerte, Carter".

"¡Igualmente!"

"¿Quieres ver la galería de souvenirs?" Elena se ofreció.

"**¿Qué es eso?**"

"Es un lugar donde se almacenan diferentes objetos que compramos como recuerdos de los diferentes países que visitamos. **Principalmente** cosas de países costeros, ya que la isla no se detiene lo suficiente como para que podamos visitar los continentes". Explicó Elena con una sonrisa.

"Eso **suena genial**. ¡Muéstrame el camino!" Dijo Carter, emocionado de ver lo que estaría en la galería.

El primer objeto que le mostró Elena era una estatua de cerámica de un gato con la pata levantada. "Esto se llama Maneki-neko. ¡El **gato japonés de la suerte**!" le dijo ella. "Claramente, lo obtuvimos de Japón. La gente de allí cree que le trae buena fortuna a su dueño"

"¡Genial!" dijo Carter mientras miraba al gato. También era muy lindo.

Luego, Elena lo llevó a un puesto donde se exhibía un juego de tetera de **cerámica blanca** junto con tazas de té decoradas con patrones azules. Carter pensó que el conjunto parecía muy elegante y se imaginó que un rey estaría bebiendo té.

"Esto es de Rusia. Se llama Gzhel, su nombre viene de la aldea rusa Gzhel donde se hizo". Le dijo Elena. Carter se tomó otro momento para admirar el diseño elaborado del patrón que se pintó en la **tetera** antes de pasar al siguiente artículo.

Era un artículo muy peculiar. Básicamente, era un plato profundo hecho de arcilla con una cubierta en forma de cono. Era de un **color mostaza** vivo con dibujos marrones, rojos y negros pintados en él. "¿Qué es esto?" Preguntó con curiosidad.

"Esta es una olla Tajine. Es de **Marruecos** y se usa para cocinar Tajines, que son platos muy ricos hechos de verduras y cordero con una deliciosa salsa". Elena se lamió los labios al recordar el Tajine que había comido cuando la isla pasó por Marruecos.

Mientras avanzaban por la galería, Elena le mostró a Carter un hermoso jarrón de Grecia con una escena de la **mitología**

griega pintada, así como otras cerámicas de Italia, España, Brasil, China y muchos otros países.

"Todos estos son muy hermosos, pero ¿solo hay macetas y jarrones en la galería?" Le preguntó con curiosidad.

Elena se rió entre dientes. "¡Por supuesto que no, Tontico! Esta es solo la parte dedicada a la cerámica. ¡La galería es enorme!" le dijo ella, abriendo los brazos para indicar qué tan grande era ese lugar. "¡Vamos, vamos a revisar la sección de ropa!"

Y con eso ella lo condujo a otra sección a través de una puerta. El lugar estaba cubierto de coloridos **vestidos y trajes**, y Carter dejó escapar un silbido de asombro. Miró la prenda sedosa que colgaba de una pared a su derecha. Era hermosa con colores suaves y diseños muy bonitos.

"Eso es una Yukata. Hermoso, ¿verdad?" dijo Elena con una mirada soñadora. "Tengo una en casa, fue un regalo de una chica que conocí en Japón. Pero no es tan elegante como esta. ¡Aunque aun así es muy hermosa!"

"¿Ese es para hombre?" Le preguntó mientras indicaba una versión mucho más simple de la prenda coloreada en azul oscuro y gris oscuro. Elena asintió y lo llevó a ver ropa de otros países: Saris de India, Kilts de Escocia, Agbada de Nigeria y **mucho más**.

Carter estaba muy impresionado con todo lo que había visto y no solo por la belleza de los elementos que se encontraban en la galería, sino también por las culturas que cada elemento reflejaba.

Isla tortuga era mucho más que un lugar donde se podían encontrar frutas y peces de todo el mundo, era un barco gigante que permitía a todos **viajar por el mundo**, conocer gente de diferentes países, aprender sobre sus culturas e incluso aprender sobre su idiomas

Cuando su padre llamó a su puerta para ver qué estaba haciendo, Carter salió de su isla imaginada.

"Nada" respondió Él "¿Papá?" Luego dijo.

"¿Sí?" Su padre entró más en su habitación.

"¿Crees que es fácil escribir un **libro ilustrado**?" Preguntó Carter. Tuvo una muy buena idea.

Vocabulary

Colorida ilustración: *colorful illustration*

Generaciones: *generations*

Para sí mismo: *to himself*

Cómo sería la vida: *how life would be*

Mientras exploraba: *as he explored*

Diversidad: *diversity*

Apuesto: *I bet*

Eso es correcto: *that's right*

Apretón: *handshake*

¿Qué es eso?: *what is that?*

Principalmente: *much money*

Suena genial: *sounds great*

Gato japonés de la suerte: *japanese lucky cat*

Cerámica blanca: *white ceramic*

Tetera: *teapot*

Color mostaza: *mustard color*

Marruecos: *morocco*

Mitología griega: *greek mythology*

Vestidos y trajes: *dresses and outfits*

Mucho más: *much more*

Viajar por el mundo: *travel around the world*

Libro ilustrado: *picture book*

Resumen de la historia

Carter había estado mirando un libro ilustrado con la imagen de una tortuga que llevaba una isla en su caparazón y se preguntaba cómo sería vivir en un lugar como ese. Cuando comenzó a soñar despierto acerca de esa posibilidad, imaginó que la isla tendría muchos árboles frutales diferentes que podían crecer en todo el mundo gracias a su exposición a diferentes climas, así como a muchos tipos diferentes de peces, y en su sueño diurno apareció una niña llamada Elena, y ella le dijo que no solo eso, que también habían tenido la oportunidad de visitar diferentes países costeros y ella le mostró suvenires de esos países en la galería de la isla.

Summary of the Story

Carter had been looking at a picture book with the illustration of a turtle that carried an island on its back and wondered what it would be like to live in a place like that. As he started daydreaming about that possibility, he imagined that the island would have many different fruit trees that grew all around the world thanks to its exposure to different climates as well as many different sorts of fish and in his daydream a girl named Elena popped up and told him that not only that, they also had the chance to visit different coastal countries and showed him trinkets from those countries in the island's gallery.

Preguntas Sobre La Historia

1) ¿Quién es Carter?
    A. El personaje principal
    B. El jefe de la isla
    C. El autor del libro de imágenes
    D. El padre del personaje principal

2) ¿Cuál es el nombre de la chica que llevó al personaje principal a la galería?
    A. Enid
    B. Elise
    C. Elena
    D. Ester

3) ¿Cuál es el nombre del gato afortunado hecho de cerámica de Japón?
    A. Yukata
    B. Tamagoyaki
    C. Maneki-neko
    D. Fuji-san

4) ¿De dónde es el Gzhel?
    A. India
    B. Nigeria
    C. Grecia
    D. Rusia

5) ¿Qué es una olla Tajine?
    A. Una olla para cocinar
    B. Un jarrón decorativo.
    C. Una maceta
    D. Una olla de yogur

QUESTIONS ABOUT THE STORY

1) **Who is Carter?**
   A. The main character
   B. The head of the island
   C. The author of the picture book
   D. The father of the main character

2) **What is the name of the girl who took the main character to the gallery?**
   A. Enid
   B. Elise
   C. Elena
   D. Ester

3) **What is the name of the lucky cat made of ceramic from Japan?**
   A. Yukata
   B. Tamagoyaki
   C. Maneki-neko
   D. Fuji-san

4) **Where is Gzhel from?**
   A. India
   B. Nigeria
   C. Greece
   D. Russia

5) **What is a Tajine pot?**
   A. A cooking pot
   B. A decorative vase
   C. A plant pot
   D. A yogurt pot

ANSWERS

1) A
2) C
3) C
4) D
5) A

Chapter 15. ¡Límpialo!

Jennie, Marshall y Ophelia se reunieron en el centro de la casa. Todos los fines de semana, **instaban** a su madre a salir con sus amigas a relajarse mientras ellos limpiaban la casa bajo la **supervisión** y la ayuda de su padre.

"Muy bien, muchachos, como nos faltan algunos suministros, papá **salió a comprar** lo que necesitamos, pero todavía podemos dividir las tareas". Ofelia, la mayor, dijo con tono infantilmente firme.

Sus hermanos asintieron con la cabeza y esperaron a que ella delegara las tareas.

"Como siempre, papá se ocupa de limpiar los lavabos, las ventanas y los espejos". Ella empezó. "Jennie, tu tuviste que **lavar los platos** la semana pasada, así que Marshall lo hará esta semana". Ella le dijo a su hermana. "Aspirarás la sala de estar y el pasillo mientras yo me ocupo de **lavar la ropa** y de limpiar el piso de la cocina. ¿Están todos claros?"

Una vez más, los niños más pequeños asintieron con la cabeza. Apenas un momento después, su padre abrió la puerta y todos se dirigieron a la cocina para buscar sus nuevos productos de limpieza. Marshal tomó un par de guantes y una botella de jabón. "¿También puedo cambiar la esponja vieja? Se está poniendo **asquerosa**" preguntó a su padre quien asintió.

"También estoy cambiando el cepillo del inodoro. Es bueno cambiar los suministros de vez en cuando, los viejos pueden acumular gérmenes si se usan por mucho tiempo". Dijo su padre mientras tomaba dos botellas de spray, un cepillo, un par de guantes y una máscara que lo protegería de inhalar cualquier químico de los **productos de limpieza**. Jennie, quien era la encargada de aspirar, también tomó una de las máscaras para protegerse del polvo. Y cuando todos tenían lo que necesitaban, chocaron sus manos entre sí y se pusieron a trabajar.

"Muy bien, niños. ¡**Vamos a mostrarle** a mamá cómo se hace una limpieza profesional!" dijo su padre.

El único que se quedó en la cocina fue Marshall, ya que él era el encargado de lavar los platos. Lo primero que hizo fue usar el delantal con volantes de su madre, ya que el de su padre era demasiado grande. Dio una vuelta en el delantal y se rió cuando se abombó a su alrededor. Luego deslizó las manos en los guantes de goma y llenó **el fregadero** con agua antes de agregar un poco de jabón. Agitó las manos en el agua hasta que estuvo muy espumosa y burbujeante, y se divirtió haciendo pequeñas formas con la espuma y soplando burbujas en el aire. Comenzó a tararear la apertura de su caricatura favorita y comenzó a fregar los platos sucios, asegurándose de que todas las manchas habían desaparecido. ¡No sería bueno que su madre los lavara por **segunda vez** porque no realizó su tarea correctamente!

Al otro lado de la pared que separaba la cocina de la sala de estar, Jennie comenzó a organizar un poco. Le gustaba fingir que estaba en una misión con límite tiempo y, por lo tanto, puso el **temporizador** en el teléfono de su padre y asintió para sí misma antes de comenzar. Recogió cualquier objeto que estuviera en su camino como la manta que estaba tirada en el sofá, y la botella de agua que había sobre la mesita, y los puso a un lado antes de limpiar el polvo de los muebles. "¡El campo ha sido despejado!" Anunció a la vacía sala de estar "Iniciando la segunda parte de la misión" Dijo ella al determinar que nada se interpondría en su camino. Luego encendió la **aspiradora** y comenzó con la alfombra. Cada vez que terminaba de aspirar una parte de la sala de estar, decía en voz alta: "¡Despejado!"

En el baño, Ofelia clasificó la ropa sucia y separó la ropa de colores de la blanca. A ella le gustaba apilar la ropa de colores según su orden en el **arco iris**, entonces amontonó la ropa blanca empezando por la menos blanca hasta las que eran blancas como la nieve. Puso una tapa llena de detergente para la ropa en el cajón adecuado de la lavadora, sosteniéndolo a la altura de los ojos para asegurarse de que la medida era correcta, la hacía sentir como una química, y luego comenzó a meter la ropa dentro de la máquina. Ella apretó unos **botones** y el ciclo comenzó.

El jefe de la familia iba de habitación en habitación, limpiando las ventanas y los espejos. La habitación de Marshal solo tenía el espejo que estaba **empotrado** en su armario y una ventana, así que comenzó con eso, ya que era lo más fácil. Y si le preguntaran qué habitación era la más difícil de limpiar, diría que la sala con sus ventanas de piso a techo. No podía esperar a que los niños crecieran lo suficiente para ayudarlo. Por ahora, sin embargo, él y su esposa lo harían ya que era demasiado peligroso para los niños subirse a las sillas para llegar a las partes más altas y uno de ellos podría incluso perder el **equilibrio** y caer.

En el momento en la **ropa** dio un giro en la lavadora-secadora, Marshall terminó con los platos y la familia se rotó de habitación. Papá fue a los baños para limpiar los lavamanos, Ophelia fue a la cocina para limpiar el piso y Marshal fue a su habitación para organizar su escritorio y guardar sus **juguetes**. Jennie, por otro lado, estaba aspirando la habitación de sus padres.

Todos los niños encontraron una manera de disfrutar de sus tareas y la posibilidad de hacer que su madre se sintiera **orgullosa** y feliz los hizo trabajar más duro. Cuando todos terminaron, su padre los llevó a almorzar. "Es justo. ¿Por qué mamá come en un restaurante **elegante** y nosotros no?" Les dijo en tono de broma. Todos disfrutaron de su comida y regresaron a su casa.

No más de una hora después, su madre llegó a su casa y **se reunieron** a su alrededor, diciéndole con entusiasmo lo que habían hecho ese día. Como cada fin de semana, su madre expresó su alegría y aprecio por su arduo trabajo y consideración antes de darles regalos que les había comprado ese día. Algunos eran pasteles, otros eran pequeñas golosinas, pero todos estuvieron de acuerdo en que el mejor regalo era la mirada de orgullo en los ojos de su mamá cuando veía la casa **impecablemente limpia**

Vocabulary

Instaban: *they urged*

Supervisión: *supervision*

Salió a comprar: *went out to buy*

Lavar los platos: *do the dishes*

Lavar la ropa: *the laundry*

Asquerosa: *icky*

Productos de limpieza: *cleaning products*

Vamos a mostrarle: *let's show*

El fregadero: *the sink*

Segunda vez: *second time*

Temporizador: *timer*

Aspiradora: *vacuum cleaner*

Arco iris: *rainbow*

Botones: *buttons*

Empotrado: *embedded*

Equilibrio: *balance*

Ropa: *clothes*

Juguetes: *toys*

Orgullosa: *proud*

Elegante: *fancy*

Se reunieron: *they all gathered*

Impecablemente limpia: *squeaky-clean*

Resumen de la historia

Todos los fines de semana, Jennie, Marshal y Ophelia ayudaban a su padre a limpiar la casa mientras su madre salía a disfrutar un día con sus amigas. Los niños hicieron varias tareas como lavar la ropa sucia, lavar los platos y pasar la aspiradora mientras su padre limpiaba las ventanas y los espejos y desinfectaba los lavabos del baño. Todos disfrutaron de sus tareas y trabajaron arduamente para hacer que su madre se sintiera orgullosa y feliz, cuando terminaron, fueron recompensados: su padre los llevó a almorzar a un restaurante agradable y su madre les dio pequeños regalos cuando regresó.

Summary of the Story

Every weekend, Jennie, Marshal and Ophelia helped their father clean the house while their mother went out to enjoy a day out with her friends. The children did various chores like washing the dirty laundry, washing the dishes and vacuuming while their father cleaned the windows and mirrors and scrubbed the sinks of the bathroom. They all enjoyed their tasks and worked very hard to make their mother proud and happy and when they were finished they were rewarded: their father took them out to have lunch in a nice restaurant and they were given little gifts from their mother when she returned.

PREGUNTAS SOBRE LA HISTORIA

1) ¿Cuál de estos nombres no fue mencionado en el texto?
    A. Enid
    B. Ophelia
    C. Marshal
    D. Jennie

2) ¿Qué parentesco tiene los niños del texto?
    A. Primos
    B. Compañeros de clase
    C. Amigos
    D. Hermanos

3) ¿Quién se encargó de lavar los platos?
    A. Ophelia
    B. Marshal
    C. Jennie
    D. Papá

4) ¿Qué hizo Jennie?
    A. Aspirar
    B. Lavar la ropa
    C. Lavar los platos
    D. Fregar el fregadero

5) ¿Quién limpió las ventanas?
    A. Jennie
    B. Papá
    C. Ophelia
    D. Marshal

Questions About the Story

1) Which of these names was not mentioned in the text?
    A. Enid
    B. Ophelia
    C. Marshal
    D. Jennie

2) How were the children from the text related?
    A. Cousins
    B. Classmates
    C. Friends
    D. Siblings

3) Who was charged with washing the dishes?
    A. Ophelia
    B. Marshal
    C. Jennie
    D. Dad

4) What did Jennie do?
    A. Vacuum
    B. Wash the laundry
    C. Wash the dishes
    D. Scrub the sinks

5) Who cleaned the windows?
    A. Jennie
    B. Dad
    C. Ophelia
    D. Marshal

ANSWERS

1) A
2) D
3) B
4) A
5) B

Chapter 16. Háblame

Caleb salió del carro con tal emoción que apenas podía contenerla. ¡Él iba a adoptar una **mascota** hoy! Casi tropezó con sus propios pies mientras caminaba enérgicamente hacia la tienda de mascotas.

La tienda de mascotas a la que su padre lo había llevado era un lugar que ofrecía animales rescatados para su adopción **a cambio** de una donación. Podías tener al animalito que desearas pero tenías que donar a la asociación que los salva. No importaba cuánto donaras, la asociación ya consideraba la adopción como una gran acción y, por lo tanto, no imponían una tarifa específica. Caleb felizmente había quebrado su **alcancía** y había llevado sus ahorros con él, su padre le dijo que también donaría algo de dinero a la tienda y, por lo tanto, los dos se dirigieron al lugar con alegría.

Caleb y su padre entraron a la tienda y ni siquiera habían llegado al **umbral** antes que los ojos del niño se dilataran de asombro "Whoa..." exclamó.

La tienda era prácticamente un reino para toda clase de mascotas. Estaba lleno de pequeñas canastas donde gatitos, cachorros y hámsteres se **amontonaban** unos con otros, jugando o durmiendo la siesta. En un estante, había una gran pecera con peces coloridos y pequeñas tortugas. Incluso había un pequeño aviario interior en una esquina de la tienda con diferentes tipos de aves que trinaban alegremente, agregando un sonido agradable a la hermosa vista. Una pared de la tienda estaba dedicada a alimentos para animales, así como a tazones, cojines y juguetes masticables. Era prácticamente un pequeño paraíso de mascotas, así como para los amantes de los animales, y Caleb nunca **se había sentido** más feliz. ¡Oh, no podía esperar para contarles a sus amigos sobre este lugar! ¡Estarían tan celosos!

Se abrió paso a través de los cachorros, asegurándose de acariciar a cada uno de ellos antes de volverse hacia los gatitos y darles masajes en la panza. Luego se **tomó un rato** para observar la hermosa pecera y se sintió feliz solo al ver a los habitantes nadar en su interior. Sus patrones de colores eran tan extraños, pero ¡tan bonitos! Unos momentos más tarde se trasladó a la pequeña pajarera para admirar las aves que había dentro. Todos se veían tan esponjosos con sus hermosas plumas y sus caras regordetas. "¡Este es tan grande!" Dijo en voz alta mientras miraba un **loro**. Sin embargo, pronto olvidó el tamaño del ave, ya que repetía sus palabras con tono muy agudo.

"¡Raaa, tan grande! ¡Tan grande!"

Caleb se rió al oír al pájaro. Sabía que los loros podían hacer eso, pero escucharlo hablar en persona aún era **extraño**. Se preguntó cómo sería si estas aves pudieran mantener una conversación con sus dueños, en lugar de repetir sus palabras.

De hecho, cuando miró a su alrededor a todos los demás animales, sintió curiosidad por saber cómo habría sido la vida si todos pudieran **hablar**.

Miró a los cachorros y supo exactamente lo que iban a decir. "¡Acariciarme! ¡Acariciarme! ¡**Acariciarme**! ¡Dime que soy un buen chico! ¡Lanza la pelota y la buscaré! " Imaginó que eso diría un perro, moviendo la cola con entusiasmo. El perro de su tía siempre corría hacia él cuando lo visitaba y simplemente no podía jugar lo **suficiente** con todos.

"¿Qué diría un pez...?" Se preguntó en voz alta mientras miraba la pecera. Miró a un pez de colores que estaba **nadando** perezosamente en su interior y recordó la idea equivocada de que los peces dorados tenían un lapso de memoria de tres segundos. Sabía que estaba mal, pero pensó que sería divertido tener una **conversación** con un pez así, si ese hecho fuera cierto.

"¡Hola! **¿Cómo estás?** Se imaginó a sí mismo diciéndoles a los peces.

"Hola. Estoy bien, ¿y tú? "Sería la respuesta del pez al nadar en círculos.

"Estoy **genial**. ¿Qué tal tu día?"

"Hola, genial. ¿Qué día? "Contestaría el pez, **parpadeando** sus grandes ojos confundidos.

Caleb se echó a reír a carcajadas ante su interacción imaginaria con los peces. En realidad, estaba bastante curioso sobre lo que diría un pez, dejando a un lado las **bromas**. Probablemente algo como "Aliméntame". No podía imaginar nada más. No puedes acariciar un pez y definitivamente no puedes lanzarle una pelota para que te la traiga. Lo más entretenido que tenía un pez era verlo **perseguir** los pequeños copos de comida que le lanzaban en su tanque.

Miró a uno de los pájaros en los aviarios y lo observó mientras movía su cabeza hacia la izquierda y hacia la derecha, mirando por doquier con curiosidad y trinando mientras saltaba **alrededor**. "Se ve inteligente... pero un poco nervioso"

"¿Qué? ¿Qué? ¿Qué es ese sonido? ¿Qué es esto? ¿Es comestible?" Se imaginó un canario diciendo mientras le **picoteaba** la mano. "¿Quién eres tú? ¿Te conozco? Quiero cantar. Vamos a cantar Canta conmigo." El pájaro comenzaría a trinar felizmente.

Se volteó hacia donde jugaban los gatitos y se imaginó cómo sería una conversación con uno.

"Hola, gatito. Hola. Hola." Él diría, una y otra vez, tratando de llamar la atención del gatito mientras lamía su **pelaje**.

"Hola. Lamento no haber respondido antes, estaba ocupado" El gatito finalmente respondería después de terminar su rutina de limpieza.

"Está bien ¿Quieres jugar?"

El gatito lo miraría fijamente antes de decir que no. Luego le preguntaría si podía tocarlo y una vez más, el gatito se **negaría**.

"Pero puedes frotarme la barriga si me das comida" diría el gatito.

Caleb, por supuesto, le daría golosinas al gatito y lo observaría **pacientemente** mientras lo acariciaba.

"¿Has decidido a cuál quieres adoptar?", Dijo la voz de su padre, sacándolo de su fantasía.

Caleb miró a su alrededor antes de mirar a su padre. "Ehm, **todavía no**. Puede que necesite algo de ayuda"

Vocabulary

Mascota: *pet*

A cambio: *in exchange*

Alcancía: *piggy bank*

Umbral: *threshold*

Amontonaban: *huddled*

Se había sentido: *had never felt*

Tomó un rato: *took some time*

Loro: *parrot*

Extraño: *weird*

Hablar: *speak*

Acariciarme: *pet me*

Suficiente: *enough*

Nadando: *swimming*

Conversación: *conversation*

¿Cómo estás?: *how are you?*

Genial: *great*

Parpadeando: *blinking*

Bromas: *jokes*

Perseguir: *chase*

Alrededor: *around*

Picoteaba: *pecked*

Pelaje: *fur*

Negaría: *would refuse*

Pacientemente: *patiently*

Todavía no: *not yet*

Resumen de la historia

Caleb estaba muy emocionado ya que había acompañado a su padre a una tienda de mascotas, donde podría adoptar cualquier animal que quisiera a cambio de donar a la asociación que salvaba a esos animales. Entró en la tienda y se sorprendió por todos los animales allí, y todos los suministros como comida, arcos y juguetes. Admiró a los animales y cuando miró a uno de los loros en la pajarera, se imaginó a los otros animales hablando y se divirtió con lo que podrían decir según su imaginación. Cuando su padre le preguntó si había decidido qué animal adoptar, Caleb le dijo que necesitaba ayuda para decidir.

Summary of the Story

Caleb was very excited as he had accompanied his dad to a pet store where he could adopt any animal he wanted in exchange for donating to the association that saves those animals. He entered the shop and was amazed by all the animals in it as well as all the supplies like food, bows and toys. He admired the animals and when he looked at one of the parrots in the aviary, he imagined the other animals talking and was amused by what they were saying according to his imagination. When his father asked him whether he had decided which animal to adopt, Caleb told him that he needed help deciding.

PREGUNTAS SOBRE LA HISTORIA

1) ¿A dónde fue Caleb?
   A. A la tienda de mascotas
   B. A la panadería
   C. A la tienda de juguetes
   D. A la tienda de videojuegos

2) ¿Quién lo llevó allí?
   A. Su madre
   B. Su hermano
   C. Su padre
   D. Su hermana

3) ¿Cuál de estos animales no estaba en la tienda?
   A. Cachorros
   B. Lagartos
   C. Gatitos
   D. Pájaros

4) ¿Qué animal se imaginó que le pediría comida a cambio de dejarlo tocarlo?
   A. Un gato
   B. Un pez
   C. Un perro
   D. Un loro

5) ¿Qué animal adoptó Caleb al final de la historia?
   A. Un gatito
   B. Todavía no se había decidido.
   C. Un perro
   D. Un pez

Questions About the Story

1) **Where did Caleb go?**
    A. The pet store
    B. The bakery
    C. The toy store
    D. The video games store

2) **Who took him there?**
    A. His mother
    B. His brother
    C. His father
    D. His sister

3) **Which of these animals was not in the store?**
    A. Puppies
    B. Lizards
    C. Kittens
    D. Birds

4) **Which animal did he imagine asked him for food in exchange of letting him touch it?**
    A. A cat
    B. A fish
    C. A dog
    D. A parrot

5) **Which animal did Caleb adopt by the end of the story?**
    A. A kitten
    B. He hadn't decided yet
    C. A dog
    D. A fish

ANSWERS

1) A
2) C
3) B
4) A
5) B

Chapter 17. La bruja cambiante

Lo único que se podía escuchar en la casa eran los sonidos apagados de las **gotas de lluvia** golpeando el techo. Oliver giraba a la izquierda y derecha en su cama, ya que no podía quedarse dormido. La electricidad era intermitente debido a la tormenta y ni siquiera podía encender la televisión. Su habitación estaba oscura, solo iluminada por un ocasional destello de luz. Dejó escapar un suspiro miserable, estaba muy aburrido y hasta un poco asustado. Se levantó y **lentamente** se abrió paso a través de su habitación para ir a la alcoba de su hermano mayor y, lamentablemente, se golpeó el pie en el marco de la puerta. "¡Ay!" Murmuró, sin atreverse a hablar en voz alta.

Cuando finalmente llegó a la puerta de su hermano, los fuertes sonidos de alguien que golpeaba la puerta **lo sobresaltaron**. ¿Quién podría estar visitándolos en ese momento? ¿Y en medio de **una tormenta**? Oh, no... ¡Oliver había visto suficientes películas de terror para saber cómo terminaría eso!

Su hermano abrió la puerta de la habitación, haciéndolo saltar sorprendido.

"¿Qué estás haciendo aquí, amigo?" Preguntó su hermano.

"**Estaba aburrido**..." dijo Oliver encogiéndose de hombros.

"¿Alguien llamó a la puerta? Tenía mis auriculares puestos, así que no estoy seguro".

Oliver asintió y miró **nerviosamente** a la escalera, quienquiera que estaba llamando a la puerta comenzó a llamar de nuevo y siguió golpeando con el puño. Sus padres en ese momento salieron de su habitación.

"¿Por qué ustedes todavía están despiertos a esta hora?" Su madre preguntó con clara **desaprobación** mientras su padre bajaba la escalera para ver quién estaba llamando a su puerta.

Ninguno de los dos niños respondió y el mayor siguió a su padre por las escaleras. Oliver prefirió quedarse con su madre y cuando los dos escucharon el sonido de la puerta al abrirse, bajaron vacilantes para ver quién era su impaciente **visitante**.

"¿Julie?" Su madre preguntó con asombro al ver a una mujer temblando junto a la puerta y quitándose el abrigo mojado.

"¡Hay una gran tormenta ahí fuera!" dijo la mujer, y su rostro mostró una expresión de disgusto.

"¿Qué te trae por **aquí** a esta hora?" Preguntó la madre de Oliver.

Sin embargo, fue su padre quien habló a continuación: "Estaba a punto de preguntarle lo mismo".

"Quería sorprenderte. Acabo de regresar de mi viaje y conduje hasta aquí en un auto de alquiler. Estúpidamente, no revisé el pronóstico del tiempo y el motel en el que había planeado quedarme, camino aquí estaba completamente reservado, así que no tuve más opción que seguir conduciendo, aunque sabía que llegaría en este **inadecuado momento**". La señora explicó secamente. El clima claramente la había puesto de mal humor.

Oliver miró a su hermano y vio que estaba tan sorprendido de ver a esa mujer como él. ¿Tal vez él tampoco sabía quién era ella? Tendría que preguntarle después. El niño pequeño frunció el ceño y observó su aspecto de pies a cabeza. Vestía un traje completamente negro: jeans negros, blusa negra, abrigo negro, **botas negras**. Incluso su cabello era negro por lo que pudo verla con la linterna de su padre.

"Y veo que no hay energía también. ¡Simplemente genial!" dijo la señora con **amargura**.

"¿Por qué no vienes conmigo y te daré unas toallas para secarte el pelo? Supongo que has traído algo de ropa contigo". Su madre le preguntó.

"Sí, pero no hay absolutamente ninguna manera de que vuelva a salir bajo la lluvia para sacarla del auto". Respondió Julie con un **escalofrío**.

"¿Por qué no le prestas algo por esta noche, cariño? Voy a poner la tetera en la estufa para hacer un poco de té caliente" sugirió el padre de Oliver y cuando la invitada avanzó para ir con su madre, ella lo vio. "Oh, oye chico. Debes ser Oly" dijo ella.

"Oliver". Él la corrigió.

203

"De acuerdo. Bueno, hasta mañana" Y con eso, ella se fue.

El padre de Oliver le pidió a él y a su hermano que regresaran a la cama y, aunque los dos se mostraron reacios a hacerlo, **obedecieron** y volvieron a subir.

Mientras subían, Oliver le preguntó a su hermano si alguna vez había oído hablar de esta persona. ¿Era ella un pariente lejano o algo así?

"Es una amiga de mamá de la **universidad**, las dos solían ser muy cercanas y se mantuvieron en contacto. La única vez que nos visitó fue una vez cuando eras un bebé, por eso no la recuerdas". Explicó el niño mayor

A Oliver no le gustaba esa dama en absoluto. La encontraba muy sospechosa. Sus padres claramente la conocían y actuaron como si confiaran en ella, dejándola entrar a la casa y todo eso, pero él tenía un **mal presentimiento** sobre ella.

Oliver de repente dejó escapar un grito de asombro horrorizado cuando se le ocurrió una **idea aterradora**. ¿Qué pasaría si esa mujer fuera en realidad una bruja que cambia de forma y disfrazada de amiga de mamá? ¡Oh no! ¡Y cuando todos en su casa se durmieran, ella los mataría a todos!

Escuchó los sonidos de su madre y su falsa Julie mientras se instalaba en la habitación de invitados y decidió enfrentarla cuando sus padres regresaron a su habitación. Esperó aproximadamente media hora y, cuando estuvo seguro de que no había moros en la costa, salió silenciosamente de su habitación.

La puerta de la habitación de invitados estaba ligeramente abierta y vio que dentro había una vela encendida. La luz de su llama proyectó sombras en la habitación y pudo ver la silueta encorvada de la Julie **falsa** sentada en la cama en un ángulo extraño y escuchó sonidos de tos y balbuceos. ¡Ella debe estar cambiando de nuevo a su verdadera forma! Abrió la puerta, haciendo que la Julie falsa se diera vuelta hacia él con un sobresalto.

"¡Oh, eres tú! ¡Me asustaste, niño!" dijo ella, con una mano en el pecho. Ella todavía parecía un **ser humano** y mientras él caminaba más adentro de la habitación, la vio agarrar una toalla de papel.

Julie sonrió tímidamente y puso un dedo contra sus labios. "No le digas a tu papá pero, ¡este té es asqueroso!"

Oliver comprendió que el sonido que había escuchado había sido cuando ella escupía el té en el papel de seda y él se echó a reír con **diversión**. El té de su padre era bastante malo, ¡lo sabía por experiencia propia!

"Oye, ¿quieres un poco de chocolate? ¡Lo traje de mi viaje a Suiza!" dijo Julie mientras sacaba una barra de chocolate de su bolso. "Sin embargo, no se lo digas a tu madre. Estoy segura de que no le agradaría que comieras dulces por la noche". Ella le guiñó un ojo con una sonrisa pícara.

Oliver tomó la barra de chocolate y se sentó en la cama junto a ella. "¿Fuiste a **Suiza**?" Preguntó con curiosidad.

"Sí. ¿Quieres ver fotos?" Ella no esperó su respuesta y tomó su teléfono de la **mesita de noche**.

Oliver pasó la noche con quien ahora consideraba como la tía Julie, escuchando sus historias sobre viajes **alrededor del mundo** y sobre su tiempo con su madre en la universidad cuando eran más jóvenes.

Cuando se quedó dormido, su último pensamiento fue que la tía Julie era la bruja cambiante más simpática, fresca y divertida del mundo.

Vocabulary

Gotas de lluvia: *raindrops*

Lentamente: *slowly*

Lo sobresaltaron: *startled him*

Una tormenta: *a storm*

Estaba aburrido: *I was bored*

Nerviosamente: *nervously*

Desaprobación: *disapproval*

Visitante: *visitor*

Aquí: *here*

Inadecuado momento: *inappropriate time*

Botas negras: *black boots*

Amargura: *bitterly*

Escalofrío: *shiver*

Obedecieron: *obeyed*

Universidad: *college*

Mal presentimiento: *bad feeling*

Idea aterradora: *scary thought*

Falsa: *fake*

Ser humano: *human*

Diversión: *amusement*

Suiza: *switzerland*

Mesita de noche: *bedside table*

Alrededor del mundo: *around the world*

Resumen de la historia

Oliver estaba tratando de quedarse dormido, pero no podía por los sonidos de la tormenta que estaba haciendo estragos afuera. Se movió en su cama y suspiró miserablemente. Debido a la tormenta, ni siquiera podía encender la televisión, ya que la energía seguía muy inconstante. Decidió ir a la habitación de su hermano y en su camino a través de la oscura casa, escuchó fuertes sonidos de golpes. Su hermano, madre y padre salieron de sus habitaciones para ver quién era y resultó ser una vieja amiga de la madre de Oliver. La dejaron entrar y Oliver pensó que la dama era muy sospechosa antes de que se le ocurriera una macabra idea: ¡Debe ser una bruja que cambia de forma! Esperó hasta que todos se durmieran y se fue a la habitación de invitados para confrontarla, pero cuando le habló, descubrió que en realidad era una persona muy agradable.

SUMMARY OF THE STORY

Oliver was trying to fall asleep but couldn't with the sounds of the storm that was raging outside. He shifted in his bed and sighed miserably. Because of the storm, he couldn't even turn on the television as the power kept going on and off. He decided to go to his brother's room and on his way through the dark house, he heard the loud sounds of knocking. His brother, mother and father left their rooms to see who it was and it turned out to be an old friend of Oliver's mom. They led her inside and Oliver thought that the lady was quite suspicious before a scar thought occurred to him: She must be a shape shifting witch! He waited until everyone fell asleep and went to the guest room to confront her but as he spoke to her, he found out that she was actually a very nice person.

Preguntas Sobre La Historia

1) **¿Cuál es el nombre del personaje principal?**
    - **A.** Olaf
    - **B.** Oscar
    - **C.** Oliver
    - **D.** Owen

2) **¿A dónde iba antes de oír que llamaban a la puerta?**
    - **A.** A la cocina
    - **B.** A la sala de estar
    - **C.** A la habitación de sus padres
    - **D.** A la habitación de su hermano

3) **¿Cómo era el clima esa noche?**
    - **A.** Tormentoso
    - **B.** Soleado
    - **C.** Nublado
    - **D.** Ventoso

4) **¿Cuál era el nombre de su visitante?**
    - **A.** Justine
    - **B.** Josie
    - **C.** Jane
    - **D.** Julie

5) **¿Qué pensaba Oliver que era ella?**
    - **A.** Una vampira chupadora de sangre
    - **B.** Una bruja cambiante.
    - **C.** Una científica loca
    - **D.** Una mujer lobo salvaje

QUESTIONS ABOUT THE STORY

1) What is the name of the main character?
    - **A.** Olaf
    - **B.** Oscar
    - **C.** Oliver
    - **D.** Owen

2) Where was he going before he heard knocking?
    - **A.** To the kitchen
    - **B.** To the living room
    - **C.** To his parents' room
    - **D.** To his brother's room

3) How was the weather that night?
    - **A.** Stormy
    - **B.** Sunny
    - **C.** Cloudy
    - **D.** Windy

4) What was the name of their visitor?
    - **A.** Justine
    - **B.** Josie
    - **C.** Jane
    - **D.** Julie

5) What did Oliver think she was?
    - **A.** A blood sucking vampire
    - **B.** A shape shifting witch
    - **C.** A crazy scientist
    - **D.** A wild werewolf

Answers

1) C
2) D
3) A
4) D
5) B

Chapter 18. Pronóstico del tiempo

"No olvides tu **paraguas**, cariño. El pronóstico del tiempo dice que podría llover hoy también". La Sra. Sanders le gritó a su hija desde la cocina cuando escuchó el sonido de la puerta frontal abriéndose.

"¡Si mamá!" Amy respondió, arrebatando su paraguas de donde había estado colgando en el **perchero**.

La niña pasó los brazos por las correas de su mochila y se ajustó el gorro de lana antes de salir de la casa. De camino a la escuela, ella tarareaba silenciosamente mientras saltaba los **charcos de agua** dejados por la lluvia de la noche anterior. Miró al cielo y observó las nubes grises que indicaban que su madre había tenido razón al prestar tanta atención al pronóstico del tiempo. Si esas nubes fueran un indicio, llovería durante la mayor parte del día.

Amy comenzó a balancear su paraguas mientras pensaba en los presentadores del clima. ¿Viajaron a todas partes del mundo para ver cómo estaría el clima? Si ese era el caso, la niña pensaba que era el trabajo más genial del mundo. ¡Qué bueno sería viajar a **todas partes** para ver cómo se ve el cielo y advertir a las personas que no olviden sus abrigos o que cancelen sus planes de hacer un picnic!

O, ¿tal vez se iban al espacio para hacer su trabajo? Eso tenía sentido ya que podrían ver mejor cómo se movían las nubes desde arriba, ¿verdad? ¡Aunque todavía era muy impresionante! ¡Llevar uno de esos **trajes espaciales** y entrar en una nave espacial sería tan maravilloso!

O ... ¿simplemente se comunicaron con extraterrestres que les dijeron cómo progresarían las cosas en la tierra? Amy se detuvo y se quedó sin aliento ante ese pensamiento. Si ese era el caso, entonces ¡los Alienígenas existían!

Vio una bandada de pájaros volando y recordó que su maestro había dicho una vez que ellos migran a lugares **más cálidos**. Sin embargo, ¿cómo sabían cuándo se enfriarían? ¿Tenían también las previsiones meteorológicas? Ella rio y comenzó a saltar de nuevo. ¡Eso fue tonto!

Pero tenía mucha curiosidad sobre cómo funcionaba el trabajo de un presentador del clima y decidió preguntarle a su **maestro** antes de que fuera el momento del receso.

Una vez en la clase, Amy contó los minutos con impaciencia, ansiosa por hacer su pregunta y resolver **el misterio** que tenía en mente desde la mañana. Cuando finalmente sonó la campana, fue rápidamente al escritorio del maestro y le pidió unos momentos de su tiempo.

"¿Cómo saben los hombres del clima cuándo y dónde lloverá y nevará, y hará sol y todo eso?" Preguntó cuándo tuvo toda su atención.

"Bueno, primero tienes que saber la diferencia entre un presentador del clima y un **meteorólogo**" dijo su maestro antes de comenzar su explicación. "Los presentadores del clima, o hombres del clima, como les dices, son las personas que presentan el pronóstico del tiempo en la televisión. Reciben un informe y lo leen cuando indican áreas del país en la pantalla. Los meteorólogos son los que hacen esos informes, son científicos que estudian el clima y hacen predicciones sobre el clima en el futuro ".

Amy asintió con gran interés "Entonces, ¿cómo hacen esas **predicciones**?"

"Usan información sobre las condiciones del clima en el pasado y miden cómo está el **clima** en el presente para hacer una conjetura educada sobre cómo sería en el futuro".

Amy frunció el ceño, la respuesta de su maestro no explicaba mucho. "Está bien, pero ¿cómo obtienen la información que necesitan? ¿Solo miran al cielo o algo así?"

"¡Oh! Usan herramientas como termómetros para medir la temperatura, barómetros para medir la presión del aire y anemómetros para medir la velocidad del viento. También usan imágenes de **satélites** para observar patrones en las nubes. Cuando obtienen los datos necesarios, los colocan en computadoras que usan ecuaciones especiales para hacer cálculos que luego producirán un modelo que ayudará a predecir el clima. Sin embargo, estos modelos no siempre son precisos y **los científicos** tienen que revisarlos para ver si están de acuerdo o no. Es muy importante para los pronósticos meteorológicos ser lo más preciso posible, ya que no solo nos dicen cuándo lloverá para que no nos mojemos, sino que también nos dirán cuándo pueden ocurrir eventos importantes que podrían ser peligrosos, como tormentas y **huracanes**, y nos ayudan a mantenernos seguros. Los agricultores, los marineros y los pilotos también dependen del clima para hacer su trabajo e incluso los **deportistas**".

Los ojos de Amy se abrieron en confusión. "¿Cómo afectaría eso los trabajos de esas personas?"

"Bueno, los agricultores necesitan saber si llovería para plantar los cultivos adecuados. Algunas plantas crecen en clima lluvioso, mientras que otras no pueden **sobrevivir** si está demasiado húmedo. Los marineros necesitan saber si habrá una tormenta para saber cuándo navegar y cómo mantenerse a salvo en el mar. Es lo mismo con los pilotos, no pueden volar **aviones** en condiciones climáticas difíciles y los deportistas no pueden jugar adecuadamente bajo la lluvia, ¿puedes imaginar lo **resbaladizo** que se pondría el campo?"

Amy se rio mientras imaginaba a los grandes futbolistas que a su padre le gustaba ver deslizarse en el **barro** mientras corrían por el terreno. ¡Ella no querría estar en su lugar! Y solo pensar en el mareo y las náuseas que uno podría tener al estar en un bote la hizo estremecer.

Nunca se había dado cuenta realmente de la importancia de los pronósticos meteorológicos y, aunque estaba un poco

decepcionada de que ni los hombres del clima ni los meteorólogos tuvieran que viajar o ir al espacio para hacer su investigación, todavía pensaba que era una profesión muy interesante. Tan interesante, de hecho, que quería aprender más sobre eso y qué mejor lugar para comenzar que **la biblioteca**.

"¡Muchas gracias por su explicación, señor Brown!" Dijo con entusiasmo antes de tomar su tarjeta de la biblioteca y salir corriendo del aula. ¡Tenía el **tiempo suficiente** para ir a buscar algunos libros antes de que terminara el receso!

Vocabulary

Paraguas: *umbrella*

Perchero: *coat hanger*

Charcos de agua: *puddles*

Todas partes: *everywhere*

Trajes espaciales: *space suits*

Más cálidos: *warmer*

Maestro: *teacher*

El misterio: *the mystery*

Meteorólogo: *meteorologist*

Predicciones: *predictions*

Clima: *weather*

Satélites: *satellites*

Los científicos: *scientists*

Huracanes: *hurricanes*

Deportistas: *sportsmen*

Sobrevivir: *survive*

Aviones: *airplanes*

Resbaladizo: *slippery*

Barro: *mud*

Decepcionada: *disappointed*

La biblioteca: *the library*

Tiempo suficiente: *enough time*

Resumen de la historia

Amy estaba saliendo de su casa para ir a la escuela cuando su madre le dijo que se llevara el paraguas, ya que había observado el pronóstico del tiempo y dijo que llovería. Cuando estaba afuera, vio las pesadas nubes y supo que el hombre del clima tenía razón. Luego comenzó a pensar cómo los meteorólogos podían predecir el clima y cuando estaba en la escuela, le preguntó a su maestro a la hora de recreo. Él le dijo que no eran los hombres del clima los que hacían las predicciones, sino los meteorólogos, y que utilizaban varios dispositivos para medir la temperatura, la presión del aire y la velocidad del viento y así hacer modelos que ayudarían a predecir el clima. Amy pensó que eso era interesante y corrió a la biblioteca para conseguir libros sobre el tema.

Summary of the Story

Amy was living her house to go to school when her mother told her to take her umbrella with her as she had watched the weather forecast and it said that it would rain. When she was outside, she saw the heavy cloud and knew that the weatherman had been right. She then started thinking how weathermen could predict the weather and when she was at school, she asked her teacher when it was time for recess. He told her that it wasn't weathermen who made the predictions but meteorologists and that they used several devices to measure the temperature, air pressure and speed of wind to make models that would help predict the weather. Amy thought that that was interesting and ran to the library to get books on the subject.

Preguntas Sobre La Historia

1) ¿Cuál es el nombre del personaje principal?
    A. Amy
    B. Annie
    C. Abby
    D. Ally

2) ¿Qué le dijo su madre?
    A. Que tomara sus llaves
    B. Que tomara su teléfono
    C. Que tomara su paraguas
    D. Que tomara su chaqueta

3) ¿Cuál de estos dispositivos fue mencionado en el texto?
    A. Galvanómetro
    B. Amperímetro
    C. Barómetro
    D. Cronómetro

4) ¿Cuál de estas profesiones no fue mencionada en el texto?
    A. Médico
    B. Piloto
    C. Granjero
    D. Marinero

5) ¿A dónde fue Amy al final de la historia?
    A. La biblioteca
    B. El baño
    C. La cafetería
    D. El patio de la escuela

Questions About the Story

1) **What is the name of the main character?**
   - A. Amy
   - B. Annie
   - C. Abby
   - D. Ally

2) **What did her mother tell her?**
   - A. To take her keys
   - B. To take her phone
   - C. To take her umbrella
   - D. To take her jacket

3) **Which of these devices was mentioned in the text?**
   - A. Galvanometer
   - B. Ampere meter
   - C. Barometer
   - D. Chronometer

4) **Which of these professions was not mentioned in the text?**
   - A. Doctor
   - B. Pilot
   - C. Farmer
   - D. Sailor

5) **Where did Amy go to at the end of the story?**
   - A. The library
   - B. The bathroom
   - C. The cafeteria
   - D. The school yard

ANSWERS

1) A
2) C
3) C
4) A
5) A

Chapter 19. La colección

Marty estaba muy feliz de pasar el día en la casa de su amigo. Los dos **pasaron la mañana** jugando al fútbol en el jardín e incluso compartieron un rato con el perro antes de ir a almorzar, cuando subieron a la habitación de su amigo para pasar el resto del día jugando videojuegos, una pequeña libreta atrapó la **atención** de Marty.

"¿Qué es eso en tu escritorio?" Preguntó mientras mantenía sus ojos en el **artículo**.

"¡Oh! Esa es mi colección de sellos" respondió su amigo. "Mi papá recibe cartas de todo el mundo enviadas por sus corresponsales. **No sé por qué** no solo usan el teléfono o el correo electrónico entre ellos, pero cada vez que recibe una carta, me permite sacarle el sello al sobre. Creo que son fascinantes, así que, empecé una colección hace aproximadamente un año. ¡Puedes dar un vistazo **si quieres**!"

Marty, **intrigado** por la idea de recolectar pequeños pedazos de papel, aceptó la oferta de su amigo y comenzó a hojear el cuaderno. Miró los sellos con fascinación. Algunos de ellos tenían imágenes de personas, otros tenían paisajes, mientras que otros tenían **máquinas**, trenes y animales. Le gustaron los colores de los sellos, pero lo que más le interesó fue la colección en sí.

Lo único que reunió fue unas **armaduras** en un juego y, aunque alardeó con sus amigos sobre eso, no creía que fuera algo tan interesante como la colección de sellos de su amigo, la cual permaneció en su mente incluso cuando regresó a casa.

En realidad, realmente quería comenzar su propia colección. Pero... ¿qué podría coleccionar? Por lo que él sabía, ninguno de sus padres tenía amigos **extranjeros** que les enviaran cartas, por lo que no podía comenzar una colección de sellos. Supuso que podía coleccionar lo que quisiera y ese era el problema, ¡no tenía idea de qué elegir!

Se sentó en su computadora y buscó ideas por internet. Algunas personas **aparentemente** coleccionaban flores prensadas, cosa que él realmente no quería hacer porque las únicas flores que había en su jardín eran rosas. También descubrió que algunas personas coleccionaban monedas de diferentes países, eso era interesante, pero realmente no viajaba a ningún lado, por lo que esa opción fue descartada. Algunas personas coleccionaban cómics y, él pensó que prefería ver **dibujos animados** en lugar de leer cómics porque solo comprarlos para de comenzar una colección era una especie de desperdicio. Uno de los coleccionables más raros que encontró en su búsqueda fueron las mariposas. La gente tenía colecciones de mariposas. "Ugh, eso es tan **espeluznante**..." Murmuró para sí mismo. Por qué alguien querría tener cadáveres de mariposas muertas en su casa, eso estaba más allá de él, pero ahora que lo pensaba, las colecciones de flores prensadas eran casi lo mismo.

También vio que se pueden recolectar piedras y cristales minerales, pero no estaba interesado en ese tipo de artículos y no quería ir a escalar para encontrarlos. Una de las cosas más interesantes que la gente coleccionaba eran las **medallas** y pensó que era genial, podría comenzar una colección así cuando su escuela comenzara torneos de fútbol, pero por ahora seguiría buscando.

En un artículo, leyó que cualquiera puede coleccionar lo que quiera y que no había **reglas**. Las personas coleccionan cosas que les gustan y disfrutan y, mientras pasaba unos momentos pensando en lo que más disfrutaba, solo podía pensar en videojuegos, fútbol, chocolate y **patinar**.

No podía coleccionar videojuegos, ya que los descargaba por internet y el fútbol era un deporte, ¡no algo que se pudiera coleccionar! Aunque ... él podría buscar **balones de fútbol**. "Demasiado grande..." Se dijo sacudiendo la cabeza. No tenía suficiente espacio en su habitación para guardarlos. Lo mismo se aplicaba para las tablas de patinar, y además eran **demasiado caras**. Lo único que quedaba era el chocolate.

Marty frunció el ceño, realmente sería un desperdicio comprar cualquier dulce solo para guardarlo en una caja, en especial el chocolate. Y, a decir verdad, no confiaba en sí mismo para no comerlo inmediatamente después de comprarlo. ¡Era demasiado bueno! Por otro lado, ¡el chocolate venia en muchas formas y tamaños ¡las variedades eran casi infinitas! Por lo tanto, sería una cosa interesante para coleccionar.

Hmm, ¿qué hacer? De repente tuvo una idea que podría resolver su problema. ¡Simplemente podría coleccionar los **envoltorios** del chocolate! Sí, todos los tipos de chocolate tenían algún tipo de envoltura o venían en algún tipo de caja. De esta manera él podría comer el chocolate y comenzar una colección. ¡Era un ganar-ganar! "¡Soy un genio!" Pensó para sí mismo con orgullo.

Abrió el cajón y lo revolvió por un momento antes de sacar una barra de chocolate que había guardado allí. "Este será el primer artículo de mi colección" Dijo antes de ir a su escritorio y tomar un nuevo cuaderno. "Voy a meter los envoltorios aquí". Había pensado que la idea de su amigo de almacenar los sellos de su colección en un cuaderno era inteligente y quería **hacer lo mismo**.

Preparó cinta adhesiva y un marcador para anotar la fecha del día, escribió una pequeña nota y desenvolvió la barra de chocolate. Disfrutó el sabor dulce y una vez que terminó, usó un paño húmedo para limpiar los pequeños trozos de chocolate **derretido** que se pegaban a la parte interior de la envoltura y, una vez que se secó, abrió la envoltura y la puso sobre una página del cuaderno antes de pegarlo con la cinta. Garabateó en la página con el marcador justo debajo de la envoltura y cerró el cuaderno con una sonrisa satisfecha.

Se quedó allí por un momento antes de salir corriendo de su habitación a contarles a sus padres acerca de su nuevo **pasatiempo**. ¡Después de todo, él necesitaba su apoyo para comprar el chocolate y expandir su colección!

Sus padres estuvieron encantados y después de que **él prometió** ser responsable y no comer demasiado chocolate, le dieron su aprobación

Vocabulary

Pasaron la mañana: *spent the morning*

Atención: *attention*

Artículo: *item*

No sé por qué: *i don't know why*

Si quieres: *if you want*

Intrigado: *intrigued*

Máquinas: *machines*

Armaduras: *armors*

Extranjeros: *foreign*

Aparentemente: *apparently*

Dibujos animados: *cartoons*

Espeluznante: *creepy*

También vio: *he also saw*

Medallas: *medals*

Reglas: *rules*

Patinar: *skating*

Balones de fútbol: *soccer balls*

Demasiado caras: *too expensive*

Envoltorios: *wrappers*

Hacer lo mismo: *do the same thing*

Derretido: *melted*

Pasatiempo: *hobby*

Él prometió: *he promised*

Resumen de la historia

Marty había pasado el día en casa de su amigo y disfrutaron jugaron afuera en el jardín, antes de volver adentro. Después del almuerzo, los dos subieron a jugar videojuegos y una pequeña libreta llamó la atención de Marty. Su amigo le dijo que era su colección de sellos y que podía mirarlos si quería. A Marty le encantaron los sellos de colores y cuando regresó a casa, quería comenzar su propia colección, pero no sabía qué coleccionar. Después de hacer algunas investigaciones, decidió coleccionar las envolturas de los chocolates.

SUMMARY OF THE STORY

Marty had spent the day at his friend's house and they played outside in his garden before going back inside. After lunch, the two of them went upstairs to play video games and a little notebook caught Marty's attention. His friend told him that it was his stamp collection and said that he could look at it if he wanted. Marty loved the colorful stamps and when he went back home, he wanted to start a collection of his own but he didn't know what to collect. After doing some research, he decided to collect chocolate wrappers.

Preguntas Sobre La Historia

1) Quién es el personaje principal?
    A. Marty
    B. Mason
    C. Max
    D. Miles

2) ¿Dónde estaba él cuando comenzó la historia?
    A. En la casa de su tío
    B. En la habitación de su hermano
    C. En la casa de su amigo
    D. En la escuela de su primo

3) ¿Qué vio en el escritorio?
    A. Un cómic
    B. Una libreta
    C. Un teléfono
    D. Una computadora

4) ¿Qué coleccionaba su amigo?
    A. Sellos
    B. Conchas de mar
    C. Figuras de acción
    D. Tarjetas postales

5) ¿Qué le prometió Marty a sus padres al final de la historia?
    A. Que pagaría por su propio chocolate
    B. Que no comería mucho chocolate
    C. Que él compartiría su chocolate con ellos
    D. Que se cepillara los dientes después de comer el chocolate

QUESTIONS ABOUT THE STORY

1) **Who is the main character?**
   - **A.** Marty
   - **B.** Mason
   - **C.** Max
   - **D.** Miles

2) **Where was he when the story started?**
   - **A.** His uncle's house
   - **B.** His brother's room
   - **C.** In his friend's house
   - **D.** His cousin's school

3) **What did he see on the desk?**
   - **A.** A comic book
   - **B.** A notebook
   - **C.** A phone
   - **D.** A computer

4) **What did his friend collect?**
   - **A.** Stamps
   - **B.** Sea shells
   - **C.** Action figures
   - **D.** Postcards

5) **What did Marty promise his parents at the end of the story?**
   - **A.** That he would pay for his own chocolate
   - **B.** That he wouldn't eat too much chocolate
   - **C.** That he would share his chocolate with them
   - **D.** That he would brush his teeth after eating the chocolate

Answers

1) A
2) C
3) B
4) A
5) B

Chapter 20. Everyone is a teacher

Era temprano en la mañana cuando el Sr. Adler entró al aula y saludó a sus alumnos con gran alegría. Él realmente amaba enseñar y jugar un papel en la educación de los **futuros líderes del mundo**. Disfrutaba enseñándoles cosas nuevas y se regocijaba cuando demostraban que habían aprendido la lección, ya sea utilizando una nueva palabra aprendida o resolviendo con éxito un **problema matemático**.

Siendo alguien que pasa la mayor parte del día con estos niños, conocía bien a sus pequeños alumnos y era consciente de que algunas lecciones eran más de su gusto que otras. Por ejemplo, aunque disfrutaron de la sesión de lectura de ayer, sabía que la lección adicional de ese día no sería recibida con **mucho entusiasmo**.

Y como se esperaba, las reacciones de los alumnos pasaron de **suspiros decepcionados** a quejas de algunos estudiantes de que las matemáticas eran aburridas.

El señor Adler apoyó la barbilla en su mano y pensó unos minutos. Miró por la ventana e hizo una mueca al ver la lluvia. Los niños no podrían salir al recreo y él no quería que su **estado de ánimo** empeorara al estudiar algo que no les gustaba, además de la posibilidad de que no podrían salir a jugar. Quería que la escuela fuera un lugar divertido para ellos y decidió **tener piedad**. Él podría retrasar la lección al menos por una hora.

"Está bien. Entonces, ¿qué tal esto?", Comenzó mientras se recostaba contra su escritorio. "¿Qué tal si ustedes dan la clase esta vez?"

Los niños se miraron confundidos antes de volverse hacia él y preguntarle qué quería decir con eso.

"Bueno, quiero que cada uno de ustedes nos enseñe algo. Tendrán cinco minutos **cada uno** para enseñarnos lo que quiera. Algo sencillo en lo que sean buenos"

"¡Ohhh! ¡Eso es mucho mejor que sumar un montón de números!" dijo uno de los niños, guiando a los otros a comenzar la algarabía.

"Ya, ya, niños" **reprendió** el Sr. Adler. "Igual tendremos nuestra lección de matemáticas después". Les informó con una mirada firme, pero no **desagradable**. "Tienen diez minutos para decidir un tema, hagan buen uso de tu tiempo"

Los niños centraron su atención en sus cuadernos y comenzaron a garabatear notas de diferentes temas. Todos y cada uno de ellos tomaron la tarea **muy seriamente** y, para cuando terminaron sus diez minutos, todos sabían sobre que serían sus pequeñas lecciones.

El primer alumno que subió para dar su lección fue una niña. Le pidió al profesor que le diera el **marcador** antes de decirles a sus compañeros que les iba a enseñar cómo dibujar un oso de peluche.

"Primero, dibuja un círculo grande y uno más pequeño encima de él. Este es el cuerpo y la cabeza del oso de peluche" explicó mientras dibujaba los círculos descritos. "Pueden dibujar conmigo si quieren", dijo por encima del hombro a sus compañeros de clase. "Luego, se dibujan dos **semicírculos** en los lados superiores del círculo de arriba. Estas son las orejas. Dos pequeños círculos en la parte inferior del circulo grande, estas serán las patas del oso". Siguió dibujando a modo de demostración y algunos de los niños dibujaron en sus cuadernos. "Para dibujar los brazos, se hacen dos elipses a los lados del **cuerpo**, se dibujan con la mitad adentro del círculo para que parezca que el oso de peluche está sosteniendo su barriga"

El señor Adler reprimió una risita. Lucy, la chica que estaba dando la lección era adorable y **estaba muy orgulloso** de ella.

"Ahora, démosle al oso algunos ojos y una boca. Dibujen un círculo en la parte inferior de la cabeza y hagan un pequeño círculo en la parte superior de la misma para dibujar la nariz. Dibujen una línea que baje de la nariz y hagan así la boca, se dibuja la forma de un número tres acostado de esta manera. Ahora, se dibujan dos círculos en la parte superior para hacer los ojos y los **dos arcos** encima de ellos para dar forma a las cejas, ¡y eso es todo! "

El Sr. Adler tuvo que admitir que su alumna había dibujado un osito de peluche muy lindo sobre la pizarra blanca y pudo decir que los otros niños habían disfrutado la lección. "Muchas gracias, Lucy". Dijo mientras le aplaudía, llevando a los otros niños a aplaudirla también.

El siguiente niño que enseñaría a los demás se llamaba Colin. "Les enseñaré cómo hacer un **avión de papel** y cómo hacer que vuele alto" Luego procedió a doblar un papel que había llevado con él. Cuando finalmente tuvo la forma adecuada de un avión, demostró el movimiento correcto de la muñeca para lanzarlo.

"Gracias, Colin. Tus compañeros parecen estar contentos con tu lección" dijo el Sr. Adler con una sonrisa divertida mientras observaba a los niños **lanzar** los aviones en el aire.

Después de eso, una chica subió y explicó que enseñaría a sus compañeros cómo **trenzar el cabello**. "Necesitaré un voluntario. Katie, tienes el pelo largo, ¿podrías subir y dejarme trenzarlo para mostrarle a los demás?"

Y así se pasó una hora y media del día. Cada uno de los niños tenía una habilidad interesante para enseñar. Uno de ellos usó los cordones de sus zapatos para demostrar cómo hacer **nudos marineros** elaborados, otro les enseñó a sus compañeros el uso apropiado de las palabras "Afectar" y "Efecto", que impresionaron mucho al Sr. Adler, e incluso hubo un niño que mostró una manera fácil de hacer tarjetas del día de las madres.

Cuando todos tuvieron su turno, el maestro se levantó y se apartó de su escritorio. "Muchas gracias a todos. **Aprendí mucho** hoy y estoy seguro de que ustedes también". Él dijo.

"¿Cuál fue su favorito, Sr. Adler?" pregunto un chico.

"No tengo un favorito. Me gustaron de todos por igual". Dijo, prefiriendo mantenerse neutral. "Y ahora que todos nos hemos divertido, ¡es hora de aprender a sumar un **montón de números**!" Dijo bromeando, haciendo referencia a su alumno.

Los niños soltaron un **quejido** colectivo, pero se alegró al notar que todos parecían estar de mejor humor

Vocabulary

Líderes del mundo: *world's leaders*

Problema matemático: *mathematical problem*

Mucho entusiasmo: *much enthusiasm*

Suspiros decepcionados: *disappointed sighs*

Estado de ánimo: *mood*

Tener piedad: *to have mercy*

Los niños: *The children*

Cada uno: *each*

Reprendió: *chided*

Desagradable: *unkind*

Muy seriamente: *very seriously*

Marcador: *marker*

Semicírculos: *half circles*

Cuerpo: *body*

Estaba muy orgulloso: *was so proud*

Dos arcos: *two arcs*

Avión de papel: *paper airplane*

Lanzar: *throw*

Trenzar el cabello: *braid hair*

Nudos marineros: *sailor knots*

Aprendí mucho: *I learned a lot*

Montón de números: *bunch of numbers*

Quejido: *groan*

Resumen de la historia

Cuando el Sr. Adler entró en el aula, sabía que a sus pequeños alumnos no les iba a gustar la lección del día. Les gustaban algunos temas más que otros y las matemáticas eran uno de sus temas menos favoritos. Cuando se quejaron, decidió animarlos un poco, así que antes de comenzar la lección y dedicó aproximadamente una hora para que desempeñaran el papel de maestros y les enseñaran a todos alguna habilidad básica en la que fueran buenos. Algunos enseñaron a los demás a dibujar, otros les enseñaron a trenzar el cabello y otros incluso mostraron al resto de la clase cómo hacer nudos marineros.

SUMMARY OF THE STORY

When Mr. Adler entered the classroom, he knew that his young pupils were not going to like today's lesson. They enjoyed some subjects more than others and math was one of their least favorite learning topics. When they protested, he decided to cheer them up a bit before starting the lesson and dedicated about an hour for them to play the role of teachers and teach everyone a basic skill they were good at. Some taught the others how to draw, others taught them how to braid hair and some even showed the rest of the class how to make sailor knots.

Preguntas Sobre La Historia

1) ¿Quién es el personaje principal?
    A. Los alumnos
    B. El director
    C. El conserje
    D. El professor

2) ¿Cuál era su nombre?
    A. Sr. Abraham
    B. Sr. Anderson
    C. Sr. Adler
    D. Sr. Atkinson

3) ¿Qué iba a enseñarle a los niños?
    A. Multiplicación
    B. Adición
    C. Restas
    D. División

4) ¿Cuál era el nombre de la niña que enseñó a los niños a dibujar un oso de peluche?
    A. Lucy
    B. Lindsey
    C. Lisa
    D. Lorry

5) ¿Al final de la historia, los niños estaban ..?
    A. Molestos
    B. Tristes
    C. Aburridos
    D. De mejor humor

QUESTIONS ABOUT THE STORY

1) **Who is the main character?**
    - A. The pupils
    - B. The headmaster
    - C. The janitor
    - D. The teacher

2) **What was his name?**
    - A. Mr. Abraham
    - B. Mr. Anderson
    - C. Mr. Adler
    - D. Mr. Atkinson

3) **What was he going to teach the children?**
    - A. Multiplication
    - B. Addition
    - C. Subtraction
    - D. Division

4) **What was the name of the girl who taught the children how to draw a teddy bear?**
    - A. Lucy
    - B. Lindsey
    - C. Lisa
    - D. Lorry

5) **By the end of the story, the children were...?**
    - A. Annoyed
    - B. Sad
    - C. Feeling bored
    - D. In a better mood

ANSWERS

1) **D**
2) **C**
3) **B**
4) **A**
5) **D**

Conclusion

Congratulations reader, you made it!

At this point we have shared some laughs, learned some Spanish and more importantly had fun. From here we recommend that you go back through the stories and read them again as your comprehension has surely improved and you're bound to pick up something you may not have seen the first time. The best way to learn this material is through repetition and understanding the words in context. With your expanded vocabulary and improved Spanish skills we also encourage you to even write your own stories! We want to thank you for reading our book and we truly hope you had a wonderful time and learned something new with our Spanish Short Stories.

Keep an eye out for more books in the series as our mission is to serve you, the reader with engaging, fun language learning material.

About the Author

Touri is an innovative language education brand that is disrupting the way we learn languages. Touri has a mission to make sure language learning is not just easier but engaging and a ton of fun.

Besides the excellent books that they create, Touri also has an active website, which offers live fun and immersive 1-on-1 online language lessons with native instructors at nearly anytime of the day.

Additionally, Touri provides the best tips to improving your memory retention, confidence while speaking and fast track your progress on your journey to fluency.

Check out https://touri.co for more information.

Other Books By Touri

SPANISH

Conversational Spanish Dialogues: 50 Spanish Conversations and Short Stories

Spanish Short Stories (Volume 1): 10 Exciting Short Stories to Easily Learn Spanish & Improve Your Vocabulary

Spanish Short Stories (Volume 2): 10 Exciting Short Stories to Easily Learn Spanish & Improve Your Vocabulary

Spanish Short Stories (Volume 3): 20 Exciting Short Stories to Easily Learn Spanish & Improve Your Vocabulary

Intermediate Spanish Short Stories (Volume 1): 10 Amazing Short Tales to Learn Spanish & Quickly Grow Your Vocabulary the Fun Way!

Intermediate Spanish Short Stories (Volume 2): 10 Amazing Short Tales to Learn Spanish & Quickly Grow Your Vocabulary the Fun Way!

100 Days of Real World Spanish: Useful Words & Phrases for All Levels to Help You Become Fluent Faster

100 Day Medical Spanish Challenge: Daily List of Relevant Medical Spanish Words & Phrases to Help You Become Fluent

ITALIAN

Conversational Italian Dialogues: 50 Italian Conversations and Short Stories

Italian Short Stories (Volume 1): 10 Exciting Short Stories to Easily Learn Italian & Improve Your Vocabulary

GERMAN

Conversational German Dialogues: 50 German Conversations and Short Stories

German Short Stories (Volume 1): 10 Exciting Short Stories to Easily Learn German & Improve Your Vocabulary

FRENCH

Conversational French Dialogues: 50 French Conversations and Short Stories

French Short Stories for Beginners (Volume 1): 10 Exciting Short Stories to Easily Learn French & Improve Your Vocabulary

French Short Stories for Beginners (Volume 2): 10 Exciting Short Stories to Easily Learn French & Improve Your Vocabulary

Intermediate French Short Stories (Volume 1): 10 Amazing Short Tales to Learn French & Quickly Grow Your Vocabulary the Fun Way!

Intermediate French Short Stories (Volume 2): 10 Amazing Short Tales to Learn French & Quickly Grow Your Vocabulary the Fun Way!

ITALIAN

Conversational Italian Dialogues: 50 Italian Conversations and Short Stories

Italian Short Stories (Volume 1): 10 Exciting Short Stories to Easily Learn Italian & Improve Your Vocabulary

PORTUGUESE

Conversational Portuguese Dialogues: 50 Portuguese Conversations and Short Stories

ARABIC

Conversational Arabic Dialogues: 50 Arabic Conversations and Short Stories

RUSSIAN

Conversational Russian Dialogues: 50 Russian Conversations and Short Stories

CHINESE

Conversational Chinese Dialogues: 50 Chinese Conversations and Short Stories

ONE LAST THING...

If you enjoyed this book or found it useful, we would be very grateful if you posted a short review on Amazon.

Your support really does make a difference and we read all the reviews personally. Your feedback will make this book even better.

Thanks again for your support!

FREE SPANISH VIDEO COURSE

200+ words and phrases in audio
you can start using today!
Get it while it's available

https://bit.ly/Spanish-Beg-Vol3-Free-Video-Course

FREE AUDIOBOOKS

Touri has partnered with AudiobookRocket.com!

If you love audiobooks, here is your opportunity to get the NEWEST audiobooks completely FREE!

Thrillers, Fantasy, Young Adult, Kids, African-American Fiction, Women's Fiction, Sci-Fi, Comedy, Classics and many more genres!

Visit AudiobookRocket.com!

www.ingramcontent.com/pod-product-compliance
Lightning Source LLC
Chambersburg PA
CBHW072000110526
44592CB00012B/1150